AF561000

# BRITANNICVS.

## TRAGEDIE.

A PARIS,
Chez CLAVDE BARBIN, au Palais, ſur
le ſecond Perron de la Sainte Chapelle.

M. DC. LXX.
*AVEC PRIVILEGE DV ROY.*

Rés Yf 4° 618

# A MONSEIGNEVR LE DVC DE CHEVREVSE

*ONSEIGNEVR,*

*Vous ferez peut-eſtre eſtonné de voir voſtre nom à la teſte de cét Ouvrage. Et ſi ie vous avois demandé la permiſſion de vous l'offrir, ie doute ſi ie l'aurois obtenuë. Mais ce ſeroit eſtre en quelque ſorte ingrat, que de cacher plus long-temps au monde les bontez dont vous m'avez toûjours honoré. Quelle apparence qu'un homme qui ne travaille que pour la gloire, se puisse taire d'une protection aussi glorieuse que la vostre? Non,* MONSEIGNEUR, *il m'est trop avantageux que l'on sçache que mes Amis mesme ne vous sont pas indifferens, que vous prenez part à tous mes Ouvrages, & que vous m'avez procuré l'honneur de lire celuy-cy devant un Homme, dont toutes les heures sont pretieuses. Vous fustes témoin avec quelle penetration d'esprit il iugea de l'œconomie de la Piece, & cõbien l'idée qu'il s'est formée d'une excellente Tragedie, est au de-là de tout ce que j'en ay pû concevoir. Ne craignez pas,* MONSEIGNEVR, *que ie m'engage plus avant, & que n'osant le loüer en face, ie m'adresse à vous pour le loüer avec plus de liberté. Ie sçay qu'il seroit dangereux de le fatiguer de ses loüanges. Et i'ose dire que cette mesme modestie qui vous est commune avec luy, n'est pas un des moindres liens qui vous attachent l'un à l'autre. La Moderation n'est qu'une vertu ordinaire, quand elle ne se rencontre qu'avec des qualitez ordinaires. Mais qu'avec toutes les qualitez & du cœur & de l'esprit, qu'avec un jugement qui ce semble ne devroit estre le fruit que de l'experience de plusieurs années, qu'avec mille belles connoissances que vous ne sçauriez cacher à vos amis particuliers, vous ayez encore cette sage retenüe que tout le monde admire en vous; C'est sans doute une vertu rare en un siecle où l'on fait vanité des moindres choses. Mais ie me laisse emporter insensiblement à la tentation de parler de vous. Il faut qu'elle soit bien violente, puis que ie n'ay pû y resister dans une Lettre où ie n'avois autre dessein que de vous témoigner avec combien de respect je suis,*

MONSEIGNEVR,

Vostre tres-humble & tres-obeïssant serviteur

RACINE.

Mais ie leur dirai encore ici qu'ũ jeune Prince de 17. ans, qui a beaucoup de cœur, beaucoup d'amour, beaucoup de franchiſe & beaucoup de credulité, qualitez ordinaires d'un jeune homme, m'a ſemblé tres-capable d'exciter la compaſſion. Je n'en veux pas davantage.

Mais, diſent-ils, ce Prince n'entroit que dans ſa quinziéme année lors qu'il mourut. On le fait vivre luy & Narciſſe deux ans plus qu'ils n'ont vécu. Je n'aurois point parlé de cette objection, ſi elle n'avoit eſté faite avec chaleur par un homme, qui s'eſt donné la liberté de faire regner vingt ans un Empereur qui n'en a regné que huit : quoy que ce changement ſoit bien plus conſiderable dans la Chronologie, où l'on ſuppute les temps par les années des Empereurs.

Junie ne manque pas non plus de Cenſeurs. Ils diſent que d'une vieille coquette nommée Junia Silana, j'en ay fait une jeune Fille tres-ſage. Qu'auroient-ils à me répondre, ſi ie leur diſois que cette Junie eſt un perſonnage inventé, comme l'Emilie de Cinna, comme la Sabine d'Horace ? Mais j'ay à leur dire que s'ils avoient bien lû l'Hiſtoire, ils y auroient trouvé une Junia Calvina ; de la famille d'Auguſte, Sœur de Silanus, à qui Claudius avoit promis Octavie. Cette Junie eſtoit jeune, belle, & comme dit Seneque, *feſtiviſſima omnium puellarum*. Elle aimoit tendrement ſon Frere, &

*leurs ennemis*, dit Tacite, *les accuserent tous deux d'inceste, quoy qu'ils ne fussent coupables que d'un peu d'indiscretion.* Si ie la represente plus retenuë qu'elle n'étoit, ie n'ay pas oüy dire qu'il nous fust défendu de rectifier les mœurs d'un Personnage, sur tout lors qu'il n'est pas connu.

L'on trouve étrange qu'elle paroisse sur le Theatre, apres la mort de Britannicus. Certainement la delicatesse est grande de ne pas vouloir qu'elle dise en quatre vers assez touchãs qu'elle passe chez Octavie. Mais, disent-ils, cela ne valoit pas la peine de la faire revenir. Un autre l'auroit pû raconter pour elle. Ils ne sçavent pas qu'une des regles du Theatre est de ne mettre en recit que les choses qui ne se peuvent passer en action; Et que tous les Anciens font venir souvent sur la Scene des Acteurs, qui n'ont autre chose à dire, sinon qu'ils viennent d'un endroit, & qu'ils s'en retournent en un autre.

Tout cela est inutile, disent mes Censeurs. La piece est finie au recit de la mort de Britannicus, & l'on ne devroit point écouter le reste. On l'écoute pourtant, & mesme avec autant d'attention qu'aucune fin de Tragedie. Pour moy i'ay toûjours compris que la Tragedie estant l'imitation d'une action complete, où plusieurs personnes concourent, cette actiõ n'est point finie que l'on ne sçache en quelle situation elle laisse ces mêmes personnes. C'est ainsi que Sophocle en use presque par tout. C'est ainsique dãs l'Antigone il employe autant de vers à representer la fureur d'Hemon & la punition de Creon apres la mort de cette Princesse, que j'en ay employez aux imprecatiõs d'Agrippine, à la retraitte de Junie, à la punition de Narcisse, & au desespoir de Neron, aprés la mort de Britannicus.

Que faudroit-il faire pour contenter des Juges si difficiles; La chose seroit aisée pour peu qu'on voulust trahir le bon sens. Il ne faudroit que s'écarter du naturel pour se ietter dans l'extraordinaire. Au lieu d'une action simple, chargée de peu de matiere, telle que doit estre une action qui se passe en un seul iour, & qui s'avançant par degrez vers sa fin, n'est soûtenuë que par les interests, les sentimẽs, & les passions des Personnages, il faudroit remplir cette même action de quantité d'incidens qui ne se pourroient passer qu'en un mois, d'un grand nombre de ieux de Theatre d'autãt plus surprenans qu'ils seroient moins vray-semblables, d'une infinité de declamations où l'on feroit dire aux Acteurs tout le contraire de ce qu'ils devroient dire. Il faudroit par exemple representer quelque Heros yvre, qui se voudroit faire haïr de sa Maistresse de gayeté de cœur, un Lacedemonien grand parleur, un Conquerant qui ne debiteroit que des maximes d'amour, une Femme qui donneroit des leçons de fierté à des Conquerans. Voilà sans doute dequoy faire récrier tous ces Messieurs. Mais que diroit cependant le petit nombre de gens sages ausquels je m'efforce de plaire? De quel front oserois-je me montrer, pour ainsi dire, aux yeux de ces grands Hommes de l'antiquité que j'ay choisis pour modelles? Car, pour me servir de la pensée d'un Ancien, voilà les veritables spectateurs que nous devons nous proposer, & nous devons sans cesse nous demander: Que diroient Homere & Virgile s'ils lisoient ces vers? Que diroit Sophocle s'il voyoit representer cette Scene? Quoy qu'il en soit je n'ay point pretendu empêcher qu'on ne parlast contre mes Ouvrages. Je l'aurois pretendu inutilement. *Quid de te alij loquantur ipsi videant*, dit Ciceron, *sed loquentur tamen.*

Je prie seulement le Lecteur de me pardonner cette petite Preface que j'ay faite pour luy rendre raison de ma Tragedie. Il n'y a rien de plus naturel que de se défendre quand on se croit injustement attaqué. Je voy que Terence même semble n'avoir fait des Prologues, que pour se justifier contre les critiques d'un vieux Poëte mal intentionné, *maleveli veteris Poëta*, & qui venoit briguer des voix contre luy jusqu'aux heures où l'on representoit ses Comedies.

*Occœpta est agi:*

*Exclamat*, &c.

# PREFACE.

On me pouvoit faire une difficulté qu'on ne m'a point faite. Mais ce qui est échappé aux Spectateurs pourra estre remarqué par les Lecteurs. C'est que ie fais entrer Junie dans les Vestales, où, selon Aulugelle, on ne recevoit personne au dessous de six ans, ny au dessus de dix. Mais le Peuple prend icy Junie sous sa protection & j'ay crû qu'en consideration de sa naissance, de sa vertu, & de son mal-heur, il pouvoit la dispenser de l'âge prescrit par les loix, comme il a dispensé de l'âge pour le Consulat, tant de grands Hommes qui avoient merité ce privilege.

Enfin ie suis tres-persuadé qu'on me peut faire bien d'autres critiques, sur lesquelles je n'aurois d'autre party à prendre que celuy d'en profiter à l'avenir. Mais je plains fort le mal-heur d'un homme qui travaille pour le Public. Ceux qui voyent le mieux nos defauts, sont ceux qui les dissimulent le plus volontiers. Ils nous pardonnent les endroits qui leur ont déplû, en faveur de ceux qui leur ont donné du plaisir. Il n'y a rien au contraire de plus iniuste qu'un ignorant. Il croit tousiours que l'admiration est le partage des gens qui ne sçavent rien. Il condamne toute une Piece pour une Scene qu'il n'approuve pas. Il s'attaque même aux endroits les plus éclatans pour faire croire qu'il a de l'esprit. Et pour peu que nous resistions à ses sentimens, il nous traite de presomptueux qui ne veulent croire personne,& ne songe pas qu'il tire quelquefois plus de vanité d'une critique fort mauvaise, que nous n'en tirons d'une assez bonne piece de theatre.

*Homine imperito nunquam quidquam iniustius.*

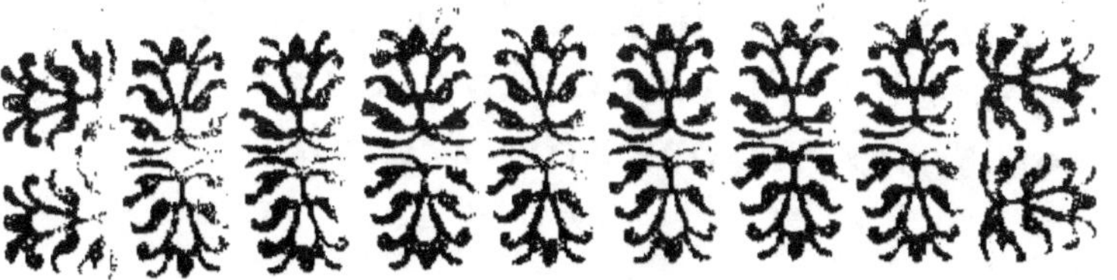

## *Extrait du Priuilege du Roy.*

PAR Grace & Privilege du Roy en datte du septiéme Ianvier 1670. signé DALENCE il est permis au Sieur Racine de faire imprimer, vendre & debiter par tel Libraire ou Imprimeur qu'il aura choisi, une Piece de Theatre par luy composée, intitulée *Britannicus Tragedie* : & ce pendant le temps & espace de cinq années, avec defence à toutes personnes de quelque qualité ou condition qu'elles soient, d'en vendre ny debiter aucun exemplaire, que de ceux qui auront esté imprimez de son consentement, à peine de confiscation des exemplaires & autres peines portées par ledit Privilege.

*Ledit Sieur Racine a cedé le droit dudit Priuilege à Denys Thierry & à claude Barbin, pour en joüir suivant le contenu en iceluy.*

Registré sur le Livre des Marchands Libraires & Imprimeurs de Paris, suivant &

conformement à l'Arreſt du Parlement de Paris du huitiéme Avril 1653. & celuy du Conſeil Privé du Roy, du 27. Février 1665. *Signé* A. SOUBRON *Scyndic*.

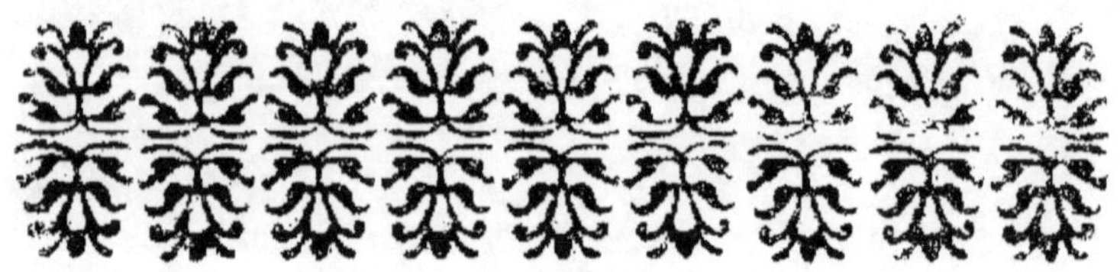

# ACTEVRS.

| | |
|---|---|
| NERON | Empereur, fils d'Agrippine |
| BRITANNICUS, | Fils de l'Empereur Claudius. |
| AGRIPPINE | Veuve de Domitius Enobarbus pere de Neron, & en secondes noces Veuve de l'Empereur Claudius |
| JUNIE | Amante de Britannicus |
| BURRHUS | Gouverneur de Neron |
| NARCISSE | Gouverneur de Britannicus |
| ALBINE | Confidente d'Agrippine. |
| GARDES | |

*La Sene eſt à Rome, dans une chambre du Palais de Neron.*

# BRITANNICUS.

## *TRAGEDIE.*

## ACTE I.

### SCENE PREMIERE.

AGRIPPINE, ALBINE.

ALBINE.

VOY ? tandis que Neron s'abandonne au sommeil
Faut-il que vous veniez attendre son réveil ?
Qu'errant dans le Palais sans suite & sans escorte,
La mere de Cesar veille seule à sa porte ?
Madame, retournez dans vostre appartement.

AGRIPPINE.

Albine, il ne faut pas s'éloigner un moment.
Ie veux l'attendre icy. Les chagrins qu'il me cause
M'occuperont assez tout le temps qu'il repose.
Tout ce que j'ay predit n'est que trop assuré
Contre Britannicus Neron s'est declaré.
L'impatient Neron cesse de se contraindre,
Las de se faire aimer il veut se faire craindre.
Britannicus le gesne, Albine, & chaque jour
Ie sens que je deviens importune à mon tour.

ALBINE.

Quoy? vous à qui Neron doit le jour qu'il respire?
Qui l'avez appellé de si loin à l'Empire?
Vous qui desheritant le fils de Claudius
Avez nommé Cesar l'heureux Domitius?
Tout luy parle, Madame, en faveur d'Agrippine.
Il vous doit son amour.

AGRIPPINE.

Il me le doit Albine.
Tout, s'il est genereux, luy prescrit cette loy.
Mais tout, s'il est ingrat, luy parle contre moy.

ALBINE.

S'il est ingrat, Madame! Ah! toute sa conduite
Marque dans son devoir une ame trop instruite.
Depuis trois ans entiers qu'a-t'il dit? qu'a-t'il fait,
Qui ne promette à Rome un Empereur parfait?
Rome depuis trois ans par ses soins gouvernée
Au temps de ses Consuls croit estre retournée,
Il la gouverne en pere. Enfin Neron naissant
A toutes les vertus d'Auguste vieillissant.

AGRIPPINE.

Non, non, mon interest ne me rend point injuste.
Il commence, il est vray, par où finit Auguste.
Mais crains, que l'avenir détruisant le passé,
Il ne finisse ainsi qu'Auguste a commencé.
Il se déguise en vain. Ie lis sur son visage
Des fiers Domitius l'humeur triste, & sauvage.
Il mêle avec l'orgueil, qu'il a pris dans leur sang,
La fierté des Nerons, qu'il puisa dans mon flanc.
Toûjours la tyrannie a d'heureuses prémices.
De Rome pour un temps Caius fut les délices,
Mais sa feinte bonté se tournant en fureur,
Les délices de Rome en devintent l'horreur.
Que m'importe apres tout, que Neron plus fidele
D'une longue vertu laisse un jour le modele?
Ay-je mis dans sa main le Timon de l'Estat
Pour le conduire au gré du Peuple & du Senat?
Ah! Que de la Patrie il soit s'il veut le Pere.
Mais qu'il songe un peu plus qu'Agrippine est sa mere.
De quel nom cependant pouvons nous appeller
L'attentat que le jour vient de nous reveler?
Il sçait, car leur amour ne peut estre ignorée,
Que de Britannicus Iunie est adorée.
Et ce mesme Neron que la vertu conduit,
Fait enlever Iunie au milieu de la nuit.
Que veut-il? Est-ce haine, est-ce amour qui l'inspire?
Cherche t'il seulement le plaisir de leur nuire?
Ou plûtost n'est-ce point que sa malignité
Punit sur eux l'appuy que je leur ay presté?

ALBINE.

Vous leur appuy, Madame?

AGRIPPINE.

Arreste, chere Albine,
Ie sçay, que j'ay moy seule avancé leur ruine,
Que du Trône, où le sang l'a dû faire monter
Britannicus par moy s'est veu précipiter

Par moy seule éloigné de l'Hymen d'Octavie
Le frere de Iunie abandonna la vie,
Silanus, sur qui Claude avoit jetté les yeux,
Et qui contoit Auguste au rang de ses ayeux:
Neron joüit de tout, & moy pour recompense
Il faut qu'entre eux & luy je tienne la balance,
Afin que quelque iour par une mesme loy
Britannicus la tienne entre mon fils & moy.

ALBINE.

Quel dessein!

AGRIPPINE.

Ie m'assure un port dans la tempeste.
Neron m'échappera si ce frein ne l'arreste.

ALBINE.

Mais prendre contre un fils tant de soins superflus?

AGRIPPINE.

Ie le craindrois bien-tost, s'il ne me craignoit plus.

ALBINE.

Vne injuste frayeur vous allarme peut-estre.
Mais si Neron pour vous n'est plus ce qu'il doit être,
Du moins son changemẽt ne vient pas jusqu'à nous.
Et ce sont des secrets entre Cesar & vous.
Quelques titres nouveaux que Rome luy défere,
Neron n'en reçoit point qu'il ne donne à sa mere.
Sa prodigue amitié ne se reserve rien.
Vostre nom est dans Rome aussi Saint que le sien.
A peine parle-t'on de la triste Octavie.
Auguste vostre ayeul honora moins Livie.
Neron devant sa mere a permis le premier
Qu'on portast les faisceaux couronnez de laurier.
Quels effets voulez-vous de sa reconnoissance?

AGRIPPINE.

Vn peu moins de respect, & plus de confiance.
Tous ses presens, Albine, irritent mon dépit.
Ie voy mes honneurs croistre, & tomber mon credit.
Non, non, le temps n'est plus que Neron jeune encore
Me renvoyoit les vœux d'une Cour, qui l'adore,
Lors qu'il se reposoit sur moy de tout l'Estat,
Que mon ordre au Palais assembloit le Senat,
Et que derriere un voile, invisible, & présente
I'étois de ce grand Corps l'Ame toute puissante.
Des volontez de Rome alors mal assuré
Neron de sa grandeur n'étoit point enyvré.
Ce jour, ce triste jour frappe encor ma memoire;
Où Neron fut luy-mesme éblouÿ de sa gloire,
Quand les Ambassadeurs de tant de Rois divers
Vinrent le reconnoistre au nom de l'Vnivers.
Sur son Trône avec luy j'allois prendre ma place.
I'ignore quel conseil prepara ma disgrace.
Quoy qu'il en soit, Neron d'aussi loin qu'il me vit,
Laissa sur son visage éclatter son dépit.
Mon cœur même en conçût un malheureux augure.
L'ingrat d'un faux respect colorant son injure,
Se leva par avance, & courant m'embrasser
Il m'écarta du Trône où je m'allois placer.
Depuis ce coup fatal, le pouvoir d'Agrippine
Vers sa chûte, à grands pas, chaque jour s'achemine.
L'ombre seule m'en reste, & l'on n'implore plus
Que le nom de Seneque, & l'appuy de Burrhus.

ALBINE.

Ah! si de ce soupçon vostre ame est prévenuë,
Pourquoy nourrissez-vous le venin qui vous tuë?
Allez avec Cesar vous éclaircir du moins.

AGRIPPINE.

Cesar ne me voit plus, Albine, sans témoins.
En public, à mon heure, on me donne audiance.
Sa réponse est dictée, & mesme son silence.
Ie voy deux serveillans, ses Maistres, & les miens,
Presider l'un ou l'autre à tous nos entretiens.
Mais je le poursuivray d'autant plus qu'il m'évite.
De son desordre, Albine, il faut que ie profite.
I'entens du bruit, on ouvre, allons subitement
Luy demander raison de cét enlevement.
Surprenons, s'il se peut, les secrets de son ame.
Mais quoy? Déja Burrhus sort de chez luy?

# SCENE II.

AGRIPPINE, BURRHUS, ALBINE.

BURRHUS.

MAdame,
Au nom de l'Empereur j'allois vous informer
D'un ordre, qui d'abord a pû vous allarmer,
Mais qui n'est que l'effet d'une sage conduite,
Dont Cesar a voulu que vous soyez instruite.

AGRIPPINE.

Puisqu'il le veut, entrons, il m'en instruira mieux.

BVRRHVS.

Cesar pour quelque temps s'est soustrait à nos yeux,
Déja par une porte au public moins connuë,
L'un & l'autre Consul vous avoient prevenuë,
Madame. Mais souffrez que ie retourne exprés . . .

AGRIPPINE.

Non, ie ne trouble point ses augustes secrets.
Cependant voulez-vous qu'avec moins de contrainte
L'un & l'autre une fois nous nous parlions sans feinte?

BVRRHVS.

Burrhus pour le mensonge eut toûjours trop d'horreur.

AGRIPPINE.

Pretendez-vous long-temps me cacher l'Empereur?
Ne le verray-ie plus qu'à titre d'importune?
Ay ie donc élevé si haut vostre fortune
Pour mettre une barriere entre mon fils & moy?
Ne l'osez-vous laisser un moment sur sa foy?
Entre Seneque & vous disputez-vous la gloire
A qui m'effacera plûtost de sa memoire?
Vous l'ay-ie confié pour en faire un ingrat?
Pour estre sous son nom les Maistres de l'Estat?
Certes plus ie medite, & moins ie me figure
Que vous m'osiez conter pour vostre Creature;
Vous, dont i'ay pû laisser vieillir l'ambition
Dans les honneurs obscurs de quelque Legion,
Et moy qui sur le Trône ay suivy mes Ancêtres,

Moy fille, femme, sœur, & mere de vos Maistres,
Que pretendez-vous donc ? Pensez vous que ma voix
Ait fait un Empereur pour m'en imposer trois ?
Neron n'est plus enfant. N'est-il pas temps qu'il regne ?
Iusqu'à quand voulez-vous que l'Empereur vous craigne ?
Ne sçauroit-il rien voir, qu'il n'emprunte vos yeux?
Pour se conduire enfin n'a-t-il pas ses ayeux?
Qu'il choisisse, s'il veut, d'Auguste ou de Tibere.
Qu'il imite, s'il peut, Germanicus mon pere.
Parmy tant de Heros je n'ose me placer.
Mais il est des vertus que je luy puis tracer.
Ie puis l'instruire au moins, combien sa confidence
Entre un sujet & luy doit laisser de distance.

BVRRHVS.

Ie ne m'étois chargé dans cette occasion
Que d'excuser Cesar d'une seule action.
Mais puisque sans vouloir que je le justifie,
Vous me rendez garent du reste de sa vie,
Ie répondray, Madame, avec la liberté
D'un Soldat, qui sçay mal farder la verité.
Vous m'avez de Cesar confié la jeunesse,
Ie l'avoüe, & je dois m'en souvenir sans cesse.
Mais vous avois je fait serment de le trahir,
D'en faire un Empereur, qui ne sceût qu'obeïr?
Non. Ce n'est plus à vous qu'il faut que j'en réponde.
Ce n'est plus vostre fils. C'est le Maistre du monde.
I'en dois compte, Madame, à l'Empire Romain
Qui croit voir son salut, ou sa perte en ma main.
Ah ! si dans l'ignorance il le faloit instruire,
N'avoit-on que Seneque, & moy pour le seduire ?
Pourquoy de sa conduite éloigner les Flateurs?
Faloit-il dans l'exil chercher des Corrupteurs ?

La Cour de Claudius en esclaves fertile,
Pour d.ux qu'on en cherchoit en eût presenté mille,
Qui tous auroient brigué l'honneur de l'avillir,
Dans une longue enfance ils l'auroient fait vieillir.
Dequoy vous plaignez-vous, Madame? On vous revere.
Ainsi que par Cesar, on jure par sa Mere.
L'Empereur, il est vray, ne vient plus chaque jour
Mettre à vos pieds l'Empire, & grossir vostre Cour.
Mais le doit-il, Madame? Et sa reconnoissance
Ne peut-elle éclater que dans sa dépendance?
Toûjours humble, toûjours le timide Neron
N'ose-il estre Auguste, & Cesar que de nom?
Vous le diray-je enfin? Rome le justifie.
Rome a trois Affranchis si long-temps asservie.
A peine respirant du joug qu'elle a porté,
Du regne de Neron compte sa liberté.
Que dis-je? La Vertu semble mesme renaistre.
Tout l'Empire n'est plus la dépoüille d'vn Maître.
Le Peuple au champ de Mars nomme ses Magistrats;
Cesar nomme les Chefs sur la foy des Soldats.
Thraseas au Senat, Corbulon dans l'Armée,
Sont encore innocens, malgré leur renommée,
Les Deserts autrefois peuplez de Senateurs
Ne sont plus habitez que par leurs Delateurs.
Qu'importe que Cesar continuë à nous croire,
Pourveu que nos conseils ne tendent qu'à sa gloire?
Pourveu que dans le cours d'un regne florissant
Rome soit toûjours libre, & Cesar tout puissant?
Mais, Madame, Neron suffit pour se conduire.
I'obeïs, sans pretendre à l'honneur de l'instruire.
Sur ses Ayeux sans doute il n'a qu'à se regler.
Pour bien faire, Neron n'a qu'à se ressembler;
Heureux, si ses vertus l'une à l'autre enchaînées
Rameinent tous les ans ses premieres années!

AGRIPPINE.

Ainsi sur l'avenir n'osant vous assurer
Vous croyez que sans vous Neron va s'égarer.
Mais vous, qui iusqu'icy content de vostre ouvrage,
Venez de ses vertus nous rendre témoignage,
Expliquez-nous, pourquoy devenu ravisseur
Neron de Silanus fait enlever la Sœur.
Ne tient-il qu'à marquer de cette ignominie
Le sang de nos Ayeux, qui brille dans Iunie?
Dequoy l'accuse-t-il? Et par quel attentat
Devient-elle en un iour criminelle d'Estat?
Elle, qui sans orgueil iusqu'à lors élevée,
N'auroit point vû Neron, s'il ne l'eut enlevée,
Et qui mesme auroit mis au rang de ses bienfaits
L'heureuse liberté de ne le voir iamais.

BVRRHVS.

Ie sçay que d'aucun crime elle n'est soupçonnée,
Mais iusqu'icy Cesar ne l'a point condamnée,
Madame, aucun obiet ne blesse icy ses yeux.
Elle est dans un Palais tout plein de ses Ayeux.
Vous sçavez que les droits qu'elle porte avec elle
Peuvent de son Espoux faire un Prince rebelle,
Que le sang de Cesar ne se doit allier
Qu'à ceux à qui Cesar le veut bien confier,
Et vous mesme avoüerez qu'il ne seroit pas iuste,
Qu'on disposast sans luy de la Niece d'Auguste.

AGRIPPINE.

Ie vous entends, Neron m'apprend par vostre voix
Qu'en vain Britannicus s'assure sur mon choix.
En vain pour détourner ses yeux de sa misere,
I'ay flaté son amour d'un Hymen qu'il espere,

A ma confusion Neron veut faire voir
Qu'Agrippine promet par delà son pouvoir.
Rome de ma faveur est trop preoccupée,
Il veut par cet affront qu'elle soit détrompée,
Et que tout l'Vnivers apprenne avec terreur
A ne confondre plus mon fils & l'Empereur.
Il le peut. Toutefois i'ose encore luy dire
Qu'il doit avant ce coup affermir son Empire,
Et qu'en me reduisant à la necessité
D'éprouver contre luy ma foible autorité,
Il expose la sienne, & que dans la balance
Mon nom peut-estre aura plus de poids qu'il ne pense.

BVRRHVS.

Quoy, Madame? Toûjours soupçonner son respect?
Ne peut-il faire un pas qui ne vous soit suspect?
L'Empereur vous croit-il du party de Iunie?
Avec Britannicus vous croit-il reünie?
Quoy de vos ennemis devenez-vous l'appuy
Pour trouver un pretexte à vous plaindre de luy?
Sur le moindre discours qu'on pourra vous redire,
Serez-vous toûiours preste à partager l'Empire?
Vous craindrez vous sans cesse, & vos embrassemens
Ne se passeront-ils qu'en éclaircissemens?
Ah! Quittez d'un Censeur la triste diligence.
D'une Mere facile affectez l'indulgence.
Souffrez quelques froideurs sans les faire éclater,
Et n'avertissez point la Cour de vous quitter.

AGRIPPINE.

Et qui s'honoreroit de l'appuy d'Agrippine
Lors que Neron luy-mesme annonce sa ruine?
Lors que de sa presence il semble me bannir?
Quand Burrhus à sa porte ose me retenir?

BVRRHVS.

Madame, ie voy bien qu'il est temps de me taire,
Et que ma liberté commence à vous déplaire.
La douleur est iniuste, & toutes les raisons
Qui ne la flatent point aigrissent ses soupçons.
Voicy Britannicus. Ie luy cede ma place.
Ie vous laisse écouter, & plaindre sa disgrace,
Et peut-estre, Madame, en accuser les soins
De ceux, que l'Empereur a consultez le moins.

# SCENE III.

## AGRIPINE, BRITANNICVS NARCISSE, ALBINE.

AGRIPPINE.

AH Prince! où courez-vous? Qu'elle ardeur inquiete
Parmy vos ennemis en aveugle vous jette?
Que venez-vous chercher?

BRITANNICVS.

Ce que ie cherche? Ah Dieux!
Tout ce que i'ay perdu, Madame, est en ces lieux.
De mille affreux Soldats Iunie environnée
S'est veuë en ce Palais indignement traisnée
Helas! de quelle horreur ses timides esprits
A ce nouveau spectacle auront esté surpris!

Enfin

Enfin on me l'enleve. Vne loy trop severe
Va separer deux cœurs, qu'assembloit leur misere.
Sans doute on ne veut pas que mêlant nos douleurs
Nous nous aidions l'un l'autre à porter nos malheurs.

AGRIPINE.

Il suffit. Comme vous ie ressens vos iniures.
Mes plaintes ont déja precedé vos murmures.
Mais ie ne pretens pas qu'un impuissant courroux
Dégage ma parole, & m'acquitte envers vous.
Ie ne m'explique point. Si vous voulez m'entendre,
Suiuez-moy chez Pallas, où ie vais vous attendre.

# SCENE IV.

## BRITANNICVS, NARCISSE.

BRITANNICVS.

LA croiray-ie, Narcisse? Et dois-ie sur sa foy
La prendre pour arbitre entre son fils & moy?
Qu'en dis-tu? N'est-ce pas cette mesme Agrippine
Que mon pere épousa iadis pour ma ruine,
Et qui, si ie t'en crois, a de ses derniers iours
Trop lents pour ses desseins precipité le cours?

NARCISSE.

N'importe. Elle se sent comme vous outragée.
A vous donner Iunie elle s'est engagée.
Vnissez vos chagrins. Liez vos interests.
Ce palais retentit en vain de vos regrets.

Tant que l'on vous verra d'une voix ſuppliante,
Semer icy la plainte, & non pas l'épouvante,
Que vos reſſentimens ſe perdront en diſcours,
Il n'en faut point douter, vous vous plaindrez toûiours.

BRITANNICVS.

Ah, Narciſſe! Tu ſçais ſi de la ſervitude
Ie pretens faire encore une longue habitude.
Tu ſçais ſi pour iamais de ma chûte étonné
Ie renonce aux grandeurs, où i'eſtois deſtiné.
Mais ie ſuis ſeul encor. Les amis de mon pere
Sont autant d'inconnus qu'écarte ma miſere.
Et ma ieuneſſe meſme éloigne loin de moy
Tous ceux qui dans le cœur me reſervent leur foy.
Pour moy depuis un an, qu'un peu d'experiance
M'a donné de mon ſort la triſte connoiſſance,
Que vois-ie autour de moy, que des Amis vendus
Qui ſont de tous mes pas les témoins aſſidus?
Qui choiſis par Neron pour ce commerce infame
Trafiquent avec luy des ſecrets de mon ame?
Quoy qu'il en ſoit, Narciſſe, on me vend tous les iours.
Il prevoit mes deſſeins, il entend mes diſcours.
Comme toy dans mon cœur il ſçait ce qui ſe paſſe.
Que t'en ſemble Narciſſe?

NARCISSE.

Ah! qu'elle ame aſſez baſſe...
C'eſt à vous de choiſir des Confidens diſcrets,
Seigneur, & de ne pas prodiguer vos ſecrets.

BRITANNICVS.

Narciſſe, tu dis vray. Mais cette défiance
Eſt toûiours d'un grand cœur la derniere ſcience,
On le trompe long-temps. Mais enfin ie te croy.
Ou plûtoſt ie fay vœu de ne croire que toy.
Mon pere, il m'en ſouvient, m'aſſura de ton zele.
Seul de ſes Affranchis tu m'es toûiours fidelle.
Tes yeux ſur ma conduite inceſſamment ouverts
M'ont ſauvé iuſqu'icy de mille écueils ouuerts.

Va donc voir ſi le bruit de ce nouvel orage
Aura de nos amis excité le courage.
Examine leurs yeux. Obſerve leurs diſcours.
Voy ſi i'en puis attendre un fidelle ſecours.
Sur tout dans ce palais remarque avec adreſſe
Avec quel ſoin Neron fait garder la Princeſſe.
Sçache ſi du peril ſes beaux yeux ſont remis,
Et ſi ſon entretien m'eſt encore permis.
Cependant de Neron ie vais trouver la mere
Chez Pallas comme toy l'Affranchy de mon pere.
Ie vais la voir, l'aigrir, la ſuivre, & s'il ſe peut
M'engager ſous ſon nom plus loin qu'elle ne veut.

# ACTE II.

## SCENE PREMIERE.

NERON, BURRHUS, NARCISSE.

*Gardes.*

NERON.

'EN doutez point, Burrhus, malgré ses iniustices,
C'est ma mere, & ie veux ignorer ses caprices.
Mais ie ne pretens plus ignorer ny souffrir,
Le Ministre insolent qui les ose nourrir.
Pallas de ses conseils empoisonne ma mere;
Il seduit chaque iour Britannicus mon frere.
Ils l'écoutent luy seul, & qui suivroit leurs pas
Les trouverroit peut-estre assemblez chez Pallas.
C'en est trop. De tous deux il faut que ie l'écarte.
Pour la derniere fois qu'il s'éloigne, qu'il parte,
Ie le veux, ie l'ordonne; & que la fin du iour
Ne le retrouve pas dans Rome, ou dans ma Cour.

Allez, cet ordre importe au salut de l'Empire.
Vous Narcisse, approchez. Et vous, qu'on se retire.

# SCENE II.

## NERON, NARCISSE.

NARCISSE.

Graces aux Dieux, Seigneur, Iunie entre vos mains
Vous assure auiourd'huy du reste des Romains.
Vos Ennemis déchûs de leur vaine esperance
Sont allez chez Pallas pleurer leur impuissance.
Mais que vois-ie? Vous mesme inquiet, étonné.
Plus que Britannicus paroissez consterné.
Que presage à mes yeux cette tristesse obscure,
Et ces sombres regards errans à l'avanture?
Tout vous rit. La Fortune obeït à vos vœux.

NERON

Narcisse c'en est fait. Neron est amoureux.

NARCISSE.

Vous?

NERON.

Depuis un moment, mais pour toute ma vie,
I'ayme (que dis-ie aimer?) i'idolastre Iunie.

NARCISSE.

Vous l'aymez?

NERON.

Excité d'un desir curieux
Cette nuit ie l'ay veuë arriuer en ces lieux,

Triste, levant au Ciel ses yeux moüillez de larmes,
Qui brilloient au travers des Flābeaux & des armes,
Belle, sans ornement, dans le simple appareil
D'une Beauté qu'on vient d'arracher au sommeil.
Que veux-tu? Ie ne sçay si cette negligence,
Et le farouche aspect de ses fiers ravisseurs
Relevoient de ses yeux les timides douceurs.
Quoy qu'il en soit, ravy d'une si belle veuë,
I'ay voulu luy parler & ma voix s'est perduë:
Immobile, saisi d'un long estonnement
Ie l'ay laissé passer dans son appartement.
I'ay passé dans le mien. C'est là que solitaire
De son image en vain i'ay voulu me distraire.
Trop presente à mes yeux ie croyois luy parler.
I'aimois iusqu'à ses pleurs que ie faisois couler.
Quelquefois, mais trop tard, ie luy demandois grace;
I'employois les soûpirs, & mesme la menace.
Voilà comme occupé de mon nouvel amour
Mes yeux sans se fermer ont attendu le jour.
Mais ie m'en fais peut estre une trop belle image,
Elle m'est apparuë avec trop d'avantage.
Narcisse, qu'en dis-tu?

NARCISSE.

Quoy, Seigneur, croira-t-on
Q'elle ait pû si long-temps se cacher à Neron?

NERON.

Tu le sçais bien, Narcisse. Et soit que sa colere
M'imputast le mal-heur qui luy ravit son frere
Soit que son cœur ialoux d'une austere fierté.
Enviast à nos yeux sa naissante beauté,
Fidelle à sa douleur, & dans l'ombre enfermée
Elle se déroboit même à sa Renommée.
Et c'est cette vertu si nouvelle à la Cour
Dont la perseverance irrite mon amour.
Quoy Narcisse? Tandis qu'il n'est point de Romaine
Que mon amour n'honnore & ne rende plus vaine,
Qui dés qu'à ses regards elle ose se fier

Sur le cœur de Cesar ne les vienne essayer:
Seule dans son Palais la modeste Iunie
Regarde leurs honneurs comme une ignominie,
Fuit, & ne daigne pas peut-estre s'informer
Si Cesar est aimable, ou bien s'il sçait aimer.
Dy moy, Britannicus l'aime-t'il?

NARCISSE.

Quoy s'il l'aime,
Seigneur?

NERON.

Si jeune encor se connoist-il luy même?
D'un regard enchanteur connoist-il le poison?

NARCISSE.

Seigneur, l'amour toûjours n'attend pas la raison.
N'en doutez point, il l'aime. Instruit par tant de charmes
Ses yeux sont déja faits à l'usage des larmes.
A ses moindre desirs il sçait s'accommoder.
Et peut-estre déja sçait-il persuader.

NERON.

Que dis-tu? sur son cœur il auroit quelque empire?

NARCISSE

Ie ne sçay. Mais, Seigneur, ce que je puis vous dire,
Ie l'ay veû quelquefois s'arracher de ces lieux,
Le cœur plein d'un courroux qu'il cachoit à vos yeux,
D'une Cour qui le fuit pleurant l'ingratitude,
Las de vostre grandeur, & de sa servitude,
Entre l'impatience & la crainte flottant;
Il alloit voir Iunie, & revenoit contant.

NERON.

D'autant plus malheureux qu'il aura sçû luy plaire,
Narcisse, il doit plûtost souhaitter sa colere.
Neron impunement ne sera pas jaloux,

NARCISSE

Vous? Et dequoy, Seigneur, vous inquietez-vous?
Iunie a pû le plaindre & partager ses peines,
Elle n'a veu couler de larmes que les siennes.

Mais aujourd'huy, Seigneur, que ses yeux dessillez
Regardant de plus prés l'éclat dont vous brillez,
Verront autour de vous les Rois sans diadéme,
Inconnus dans la foule, & son Amant luy-même,
Attachez sur vos yeux s'honnorer d'un regard
Que vous aurez sur eux fait tomber au hazard;
Quand elle vous verra de ce degré de gloire,
Venir en soûpirant avoüer sa victoire,
Maistre, n'en doutez point, d'un cœur déja charmé
Commandez qu'on vous aime, & vous serez aimé.

NERON.

A combien de chagrins il faut que je m'appreste:
Que d'importunitez!

NARCISSE.

Quoy donc? Qui vous arreste,
Seigneur?

NERON.

Tout. Octavie, Agrippine, Burrhus,
Seneque, Rome entiere, & trois ans de vertus.
Non que pour Octavie un reste de tendresse
M'attache à son hymen, & plaigne sa jeunesse.
Mes yeux depuis long-temps fatiguez de ses soins,
Rarement de ses pleurs daignent estre témoins.
Trop heureux si bien-tost la faveur d'vn divorce,
Me soulageoit d'un joug qu'on m'imposa par force.
Le Ciel même en secret semble la condamner.
Ses vœux depuis quatre ans ont beau l'importuner,
Les Dieux ne montrent point que sa vertu les touche:
D'aucun gage, Narcisse, ils n'honorent sa couche,
L'Empire vainement demande un heritier.

NARCISSE.

Que tardez vous, Seigneur, à la repudier?
L'Empire, vostre cœur, tout condamne Octavie.
Auguste vostre ayeul soûpiroit pour Livie,
Par un double divorce ils s'unirent tous deux,
Et vous devez l'Empire à ce divorce heureux,
Tibere, que l'Hymen plaça dans sa famille,

Osa bien à ses yeux repudier sa Fille.
Vous seul iusques icy contraire à vos desirs
N'osez par un divorce asseurer vos plaisirs.

NERON.

Et ne connois-tu pas l'implacable Agrippine?
Mon amour inquiet desia se l'imagine,
Qui m'ameine Octavie, & d'un œil enflammé
Atteste les saints droits d'un nœud qu'elle a formé,
Et portant à mon cœur des atteintes plus rudes,
Me fait un long recit de mes ingratitudes.
De quel front soûtenir ce fâcheux entretien?

NARCISSE.

N'estes-vous pas, Seigneur, vostre Maistre, & le sien?
Vous verrons-nous tousiours trembler sous sa Tutelle?
Vivez, regnez pour vous. C'est trop regner pour Elle.
Craignez-vous? Mais, Seigneur, vous ne la craignez pas.
Vous venez de bannir le superbe Pallas,
Pallas, dont vous sçavez qu'elle soûtient l'audace.

NERON.

Esloigné de ses yeux i'ordonne, ie menasse,
I'écoute vos conseils, i'ose les approuver,
Ie m'excite contre-elle & tâche à la braver.
Mais ( ie t'expose icy mon ame toute nuë )
Si-tost que mon mal-heur me rameine à sa veuë,
Soit que ie n'ose encor dementir le pouvoir
De ces yeux, où i'ay lû si long-temps mon devoir,
Soit qu'à tant de bien-faits ma memoire fidelle,
Luy soûmette en secret tout ce que ie tiens d'elle;
Mais enfin mes efforts ne me servent de rien,
Mon Genie étonné tremble devant le sien.
Et c'est pour m'affranchir de cette dépendance
Que ie la fuy par tout, que même ie l'offense,
Et que de temps en temps i'irrite ses ennuis
Afin qu'elle m'évite autant que ie la fuis.
Mais ie t'arreste trop. Retire-toy, Narcisse.
Britannicus pourroit t'accuser d'artifice.

NARCISSE.

Non, non, Britannicus s'abandonne à ma foy.
Par son ordre, Seigneur, il croit que ie vous voy,
Que ie m'informe icy de tout ce qui le touche
Et veut de vos secrets estre instruit par ma bouche.
Impatient sur tout de revoir ses amours
Il attend de mes soins ce fidelle secours.

NERON.

I'y consens : porte luy cette douce nouvelle:
Il la verra.

NARCISSE.

Seigneur, bannissez-le loin d'elle.

NERON.

I'ay mes raisons, Narcisse, & tu peux concevoir,
Que luy vendray cher le plaisir de la voir.
Cependant vante luy ton heureux stratagême.
Dy-luy qu'en sa faveur on me trompe moy-même.
Qu'il la voit sans mon ordre. On ouvre, la voicy,
Va retrouver ton Maistre & l'amener icy.

# SCENE III.

## NERON, IVNIE.

NERON.

VOus vous troublez, Madame, & changez de visage.
Lisez vous dans mes yeux quelque triste presage?

IVNIE.

Seigneur, ie ne vous puis déguiser mon erreur,
I'allois voir Octavie, & non pas l'Empereur.

NERON.

Ie le sçay bien, Madame, & n'ay pû sans envie
Apprendre vos bontez pour l'heureuse Octavie.

IVNIE.

Vous Seigneur?

NERON.

Pensez-vous, Madame, qu'en ces lieux
Seule pour vous connoistre Octavie ait des yeux?

IVNIE.

Et quel autre, Seigneur, voulez-vous que i'implore?
A qui demanderay-ie un crime que i'ignore?
Vous qui le punissez, vous ne l'ignorez pas.
De grace apprenez-moy, Seigneur, mes attentats.

NERON.

Quoy Madame? Est-ce donc une legere offense
De m'avoir si long-temps caché vostre presence?
Ces tresors dont le Ciel voulut vous embellir,
Les avez vous receus pour les ensevelir?
L'heureux Britannicus verra-t'il sans allarmes
Croître loin de nos yeux son amour & vos charmes?
Pourquoy de cette gloire exclus iusqu'à ce iour,
M'avez-vous sans pitié relegué dans ma Cour?
On dit plus. Vous souffrez sans en estre offensée
Qu'il vous ose, Madame, expliquer sa pensée.
Car ie ne croiray point que sans me consulter
La severe Iunie ait voulu le flater,
Ny qu'elle ait consenty d'aimer & d'estre aimée
Sans que i'en sois instruit que par la Renommée.

IVNIE.

Ie ne vous nieray point, Seigneur, que ses soûpirs
M'ont daigné quelquefois expliquer ses desirs.
Il n'a point détourné ses regards d'une Fille,
Seul reste du debris d'une illustre Famille.
Peut-estre il se souvient qu'en un temps plus heureux
Son Pere me nomma pour l'obiet de ses vœux.
Il m'aime. Il obeït à l'Empereur son Pere,

Et i'ose dire encore à vous, à vostre Mere ;
Vos desirs sont tousiours si conformes aux siens.

NERON.

Ma Mere a ses desseins, Madame, & i'ay les miens;
Ne parlons plus icy de Claude, & d'Agrippine.
Ce n'est point par leur choix que ie me determine,
C'est à moy seul, Madame, à répondre de vous;
Et ie veux de ma main vous choisir un Espoux.

IVNIE.

Ah, Seigneur, songez-vous que toute autre alliance,
Fera honte aux Cesars auteurs de ma naissance?

NERON.

Non, Madame, l'Espoux dont ie vous entretiens
Peut sans honte assembler vos ayeux & les siens.
Vous pouvez, sans rougir, consentir à sa flamme.

IVNIE.

Et quel est donc, Seigneur, cét Espoux?

NERON.

Moy, Madame.

IVNIE.

Vous!

NERON.

Ie vous nommerois, Madame, un autre nom,
Si i'en sçavois quelque autre au dessus de Neron.
Ouy, pour vous faire un choix, où vous puissiez souscrire,
I'ay parcouru des yeux la Cour, Rome, & l'Empire.
Plus i'ay cherché, Madame, & plus ie cherche encor
En quelles mains ie doy confier ce tresor,
Plus ie voy que Cesar digne seul de vous plaire
En doit estre luy seul l'heureux depositaire,
Et ne peut dignement vous confier qu'aux mains
A qui Rome a commis l'Empire des Humains.
Vous mesme consultez vos premieres années.
Claudius à son Fils les avoit destinées,
Mais c'étoit en un temps où de l'Empire entier
Il croyoit quelque iour le nommer l'Heritier.
Les Dieux ont prononcé. Loin de leur contredire

C'est

C'est à vous de passer du costé de l'Empire.
En vain de ce present ils m'auroient honoré,
Si vostre cœur devoit en estre separé;
Si tant de soins ne sont adoucis par vos charmes;
Si tandis que ie donne aux veilles, aux allarmes,
Des iours toûjours à plaindre, & toûjours enviez,
Ie ne vais quelquefois respirer à vos piez.
Qu'Octavie à vos yeux ne fasse point d'ombrage.
Rome aussi bien que moy vous donne son suffrage,
Repudie Octavie, & me fait dénoüer
Vn Hymen que le Ciel ne veut point avoüer.
Songez-y donc, Madame, & pesez en vous mesme
Ce choix digne des soins d'un Prince qui vous aime;
Digne de vos beaux yeux trop long-temps captivez,
Digne de l'Vnivers à qui vous les devez.

IVNIE.

Seigneur, avec raison ie demeure estonnée.
Ie me voy dans le cours d'une mesme iournée
Comme une Criminelle amenée en ces lieux:
Et lors qu'avec frayeur ie parois à vos yeux,
Que sur mon innocence à peine ie me fie,
Vous m'offrez tout d'un coup la place d'Octavie.
I'ose dire pourtant que ie n'ay merité
Ny cét excez d'honneur, ny cette indignité.
Et pouvez-vous, Seigneur, souhaiter qu'une Fille,
Qui vit presque en naissant esteindre sa Famille,
Qui dans l'obscurité nourrissant sa douleur
S'est fait une vertu conforme à son malheur,
Passe subitement de cette nuit profonde
Dans un rang qui l'expose aux yeux de tout le monde,
Dont ie n'ay pû de loin soûtenir la clarté,
Et dont une autre enfin remplit la maiesté?

NERON.

Ie vous ay desia dit que ie la repudie.
Ayez moins de frayeur, ou moins de modestie.
N'accusez point icy mon choix d'aveuglement.
Ie vous réponds de vous, consentez seulement.

Du sang dont vous sortez rappellez la memoire,
Et ne preferez point à la solide gloire
Des honneurs dont Cesar pretend vous revestir,
La gloire d'un refus, suiet au repentir.

*IVNIE.*

Le Ciel connoist, Seigneur, le fond de ma pensée.
Ie ne me flate point d'une gloire insensée.
Ie sçay de vos presens mesurer la grandeur.
Mais plus ce rang sur moy répandroit de splendeur,
Plus il me feroit honte & mettroit en lumiere
Le crime d'en avoir dépoüillé l'heritiere.

NERON.

C'est de ses interests prendre beaucoup de soin,
Madame, & l'amitié ne peut aller plus loin.
Mais ne nous flatons point, & laissons le mystere.
La Sœur vous touche icy beaucoup moins que le Frere,
Et pour Britannicus...

*IVNIE.*

Il a sçû me toucher,
Seigneur, & ie n'ay point pretendu m'en cacher.
Cette sincerité sans doute est peu discrete,
Mais tousiours de mon cœur ma bouche est l'interprete.
Absente de la Cour ie n'ay pas dû penser,
Seigneur, qu'en l'art de feindre il falut m'exercer.
I'aime Britannicus. Ie luy fus destinée
Quand l'Empire sembloit suivre son hymenée.
Mais ces mesmes malheurs qui l'en ont écarté,
Ses honneurs abolis, son Palais deserté,
La fuite d'une Cour que sa chûte a bannie.
Sont autant de liens qui retiennent Iunie.
Tout ce que vous voyez conspire à vos desirs,
Vos iours tousiours sereins coulent dans les plaisirs:
L'Empire en est pour vous l'inépuisable source,
Ou si quelque chagrin en interromp la course,
Tout l'Vniuers soigneux de les entretenir
S'empresse à l'effacer de vostre souvenir.

Britannicus est seul. Quelque ennuy qui le presse
Il ne voit dans son sort que moy qui s'interesse,
Et n'a pour tous plaisirs, Seigneur, que quelques pleurs
Qui luy font quelquefois oublier ses malheurs.

NERON.

Et ce sont ces plaisirs, & ces pleurs que j'envie,
Que tout autre que luy me payroit de sa vie
Mais je garde à ce Prince un traitement plus doux.
Madame, il va bien-tost paroistre devant vous.

*IUNIE*

Ah, Seigneur, vos vertus m'ont tousiours rassurée.

NERON.

Ie pouvois de ces lieux luy deffendre l'entrée.
Mais, Madame, je veux prevenir le danger,
Où son ressentiment le pourroit engager.
Ie ne veux point le perdre. Il vaut mieux que luy-mesme
Entende son Arrest de la bouche qu'il aime.
Si ses jours vous sont chers, éloignez-le de vous
Sans qu'il ait aucun lieu de me croire jaloux.
De son bannissement prenez sur vous l'offense,
Et soit par vos discours, soit par vostre silence,
Du moins par vos froideurs faites luy concevoir
Qu'il doit porter ailleurs ses vœux & son espoir.

*IUNIE.*

Moy! Que je luy prononce un Arrest si severe.
Ma bouche mille fois luy jura le contraire.
Quand mesme jusques là je pourrois me trahir,
Mes yeux luy deffendront, Seigneur, de m'obeyr.

NERON.

Caché prés de ces lieux je vous verray, Madame.
Renfermez vostre amour dans le fond de vostre ame.
Vous n'aurez point pour moy de langages secrets.
I'entendray des regards que vous croirez muets.
Et sa perte sera l'infaillible salaire
D'un geste, ou d'un soûpir échappé pour luy plaire.

IVNIE.

Helas ! si j'ose encor former quelques souhaits,
Seigneur, permettez-moy de ne le voir jamais.

# SCENE IV.

## NERON, IVNIE NARCISSE.

NARCISSE.

BRitannicus, Seigneur, demande la Princesse.
Il approche.

NERON.

Qu'il vienne,

IVNIE.

Ah Seigneur

NERON.

Ie vous laisse.
Sa fortune dépend de vous plus que de moy.
Madame, en le voyant, songez que je vous voy.

# SCENE V.

## IVNIE, NARCISSE.

### JUNIE.

AH, cher Narcisse, cours au devant de ton Maître.
Dy luy ... Ie suis perduë, & je le voy paroître.

# SCENE VI.

## IVNIE, BRITANNICVS, NARCISSE.

### BRITANNICUS.

MAdame, quel bon-heur me rapproche de vous?
Quoy je puis donc joüir d'un entretien si doux?
Mais parmy ce plaisir quel chagrin me devore!
Helas puis-je esperer de vous revoir encore?

Faut il que ie dérobe avec mille détours
Vn bon-heur que vos yeux m'accordoient tous les iours?
Quelle nuit! Quel réveil! Vos pleurs, vostre presence
N'ont point de ces cruels desarmé l'insolence?
Que faisoit vostre Amant? Quel demon envieux
M'a refusé l'honneur de mourir à vos yeux?
Helas! dans la frayeur dont vous estiez atteinte
M'avez vous en secret adressé quelque plainte?
Ma Princesse, avez-vous daigné me souhaiter?
Songiez-vous aux douleurs que vous m'alliez coûter?
Vous ne me dites rien? Quel accueil! Quelle glace!
Est-ce ainsi que vos yeux consolent ma disgrace?
Parlez. Nous sommes seuls. Nostre ennemy trompé
Tandis que ie vous parle est ailleurs occupé.
Mênageons les momens de cette heureuse absence.

IVNIE.

Vous estes en des lieux tous pleins de sa puissance.
Ces murs même, Seigneur, peuvent avoir des yeux.
Et iamais l'Empereur n'est absent de ces lieux.

BRITANNICVS.

Et depuis quand, Madame, estes vous si craintive?
Quoy desia vostre amour souffre qu'on le captive?
Qu'est devenu ce cœur qui me iuroit tousiours
De faire à Neron mesme envier nos amours?
Mais bannissez, Madame, une inutile crainte.
La foy dans tous les cœurs n'est pas encore esteinte.
Chacun semble des yeux approuver mon courroux:
La Mere de Neron se declare pour nous;
Rome de sa conduite elle mesme offensée...

IVNIE

Ah Seigneur, vous parlez contre vostre pensée.
Vous mesme vous m'avez avoüé mille fois
Que Rome le loüoit d'une commune voix.
Tousiours à sa vertu vous rendiez quelque hommage.
Sans doute la douleur vous dicte ce langage.

BRITANNICVS.

Ce discours me surprend, il le faut avoüer.
Ie ne vous cherchois pas pour l'entendre loüer,
Quoy pour vous confier la douleur qui m'accable
A peine ie dérobe un moment favorable,
Et ce moment si cher, Madame, est consumé
A loüer l'ennemy dont ie suis opprimé?
Qui vous rend à vous mesme en un jour si contraire?
quoy mesme vos regards ont appris à se taire?
que vois-ie? Vous craignez de rencontrer mes yeux?
Neron vous plairoit il? Vous serois-ie odieux?
Ah! si ie le croyois... Au nom des Dieux, Madame,
Esclaircissez le trouble où vous jettez mon ame.
Parlez. Ne suis ie plus dans vostre souvenir?

*IVNIE.*

Retirez-vous, Seigneur l'Empereur va venir.

BRITANNICVS.

Apres ce coup, Narcisse, à qui doy-ie m'attendre?

# SCENE VII.

NERON, JUNIE, NARCISSE.

NERON.

Madame...

IVNIE.

Non Seigneur, ie ne puis rien entendre:
Vous estes obey Laissez couler du moins
Des larmes, dont ses yeux ne feront pas témoins.

# SCENE VIII.

## NERON, NARCISSE.

NERON.

HE'bien de leur amour tu vois la violence,
Narcisse, elle a paru jusques dans son silence.
Elle aime mon Rival, ie ne puis l'ignorer.
Mais ie mettray ma joye à le desesperer.
Ie me fais de sa peine une image charmante,
Et ie l'ay veu douter du cœur de son Amante,
Ie la suy. Mon Rival t'attend pour éclater,
Par de nouveaux soupçons, va, cours le tourmenter,
Et tandis qu'à mes yeux on le pleure, on l'adore,
Fay luy payer bien cher un bon heur qu'il ignore.

NARCISSE *seul.*

La Fortune t'appelle une seconde fois,
Narcisse, voudrois-tu resister à sa voix?
Suivons jusques au bout ses ordres favorables,
Et pour nous rendre heureux perdons les miserables.

# ACTE III.

## SCENE PREMIERE.

### NERON, BVRRRVS.

BURRHUS.

Allas obeïra, Seigneur?

NERON.

Et de quel œil
Ma mere a-t-elle veu confondre son orgueil?

BURRHUS.

Ne doutez point Seigneur, que ce coup ne la frappe,
Qu'en reproches bien-tost sa douleur ne s'échappe.
Ses transports dés long-temps commencent d'éclater.
A d'inutiles cris puissent ils s'arrester.

NERON.

Quoy? de quelque dessein la croyez-vous capable?

BVRRHVS.

Agrippine, Seigneur, est toûjours redoutable.
Rome, & tous vos Soldats honorent ses Ayeux,
Germanicus son pere est present à leurs yeux.

Elle çait son pouvoir : Vous çavez son courage.
Et ce qui me la fait redouter davantage,
C'est que vous appuyez vous mesme son couroux,
Et que vous luy donnez des armes contre vous.

NERON.

Moy, Burrhus ?

BURRHUS.

Cét amour, Seigneur, qui vous possede...

NERON.

Ie vous entens, Burrhus, le mal est sans remede.
Mon cœur s'en est plus dit que vous ne m'en direz.
Il faut que j'ayme enfin.

BURRHUS.

Vous vous le figurez,
Seigneur, & satisfait de quelque resistance
Vous redoutez un mal foible dans sa naissance.
Mais si dans sa fierté vostre cœur affermy
Vouloit ne point s'entendre avec son ennemy,
Si de vos premiers ans vous consultiez la gloire,
Si vous daigniez, Seigneur, rappeller la memoire
Des vertus d'Octavie, indignes de ce prix,
Et de son chaste amour vainqueur de vos mépris,
Sur tout si de Iunie évitant la presence
Vous condamniez vos yeux à quelques jours d'absence;
Croyez-moy, quelque amour qui séble vous charmer,
On n'aime point, Seigneur, si l'on ne veut aimer.

NERON.

Ie vous croiray, Burrhus, lors que dans les alarmes
Il faudra soûtenir la gloire de nos armes,
Ou lors que plus tranquille assis dans le Senat
Il faudra decider du destin de l'Estat :
Ie m'en reposeray sur vostre experience.
Mais, croyez moy, l'Amour est une autre science,
Burrhus, & ie ferois quelque difficulté
D'abaisser iusques-là vostre severité.
Adieu, ie souffre trop éloigné de Iunie.

# SCENE II.

## BVRRHVS *seul.*

HE' bien, Burrhus, Neron découvre son genie.
Cette ferocité que tu croyois fléchir
De tes foibles liens est preste à s'affranchir.
En quels excez peut-estre elle va se répandre!
O dieux! En ce mal-heur quel conseil dois-ie prendre?
Seneque, dont les soins me devroient soulager,
Occupé loin de Rome ignore ce danger.
Mais quoy? Si d'Agrippine excitant la tendresse
Ie pouvois... La voicy, mon bon heur me l'adresse.

# SCENE III.

## AGRIPPINE, BURRHUS, ALBINE.

AGRIPPINE.

HE' bien, ie me trompois, Burrhus, dans mes soupçons?
Et vous vous signalez par d'illustres leçons.
On exile Pallas, dont le crime peut-estre
Est d'avoir à l'Empire élevé vostre Maistre.

Vous le sçavez trop bien. Iamais sans ses avis
Claude qui gouvernoit n'eust adopté mon Fils.
Que dis je? A son Espouse on donne une Rivale.
On affranchit Neron de la foy coniugale.
Digne employ d'un Ministre , ennemy des Flateurs,
Choisi pour mettre un frein à ses ieunes ardeurs,
De les flatter luy-mesme, & nourrir dans son ame
Le mépris de sa Mere , & l'oubly de sa Femme.

BVRRHVS

Madame, iusqu'icy c'est trop tost m'accuser.
L'Empereur n'a rien fait qu'on ne puisse excuser.
N'imputez qu'à Pallas un exil necessaire,
Son orgueil dés long-temps exigeoit ce salaire,
Et l'Empereur ne fait qu'accomplir à regret
Ce que toute la Cour demandoit en secret.
Le reste est un malheur qui n'est point sans ressource.
Des larmes d'Octavie on peut tarir la source.
Mais calmez vos trãspors. Par un chemin plus doux,
Vous luy pourrez plûtost ramener son Espoux.
Les menaces, les cris le rendront plus farouche.

AGIPPINE

Ah! l'on s'efforce en vain de me fermer la bouche.
Ie vois que mon silence irrite vos dedains;
Et c'est trop respecter l'ouvrage de mes mains;
Pallas n'emporte pas tout l'appuy d'Agrippine,
Le Ciel m'en laisse assez pour vanger ma ruine.
Le Fils de Claudius commence à ressentir
Des crimes, dont ie n'ay que le seul repentir.
I'iray, n'en doutez point, le montrer à l'Armée,
Plaindre aux yeux des Soldats son enfance opprimée,
Leur faire à mon exemple expier leur erreur.
On verra d'un costé le Fils d'un Empereur,
Redemandant la foy iurée à sa Famille
Et de Germanicus on entendra la Fille;
De l'autre l'on verra le Fils d'Enobarbus,
Appuyé de Seneque, & du Tribun Burrhus,

Qu

Qui tous deux de l'exil rappellez par moy-mesme
Partagent à mes yeux l'autorité suprême.
De nos crimes communs je veux qu'on soit instruit.
On sçaura les chemins par où ie l'ay conduit.
Pour rendre sa puissance & la vostre odieuses.
I'avoüray les rumeurs les plus injurieuses.
Ie confesseray tout, exils, assassinats,
Poison mesme...

BVRRHVS.

Madame ils ne vous croiront pas.
Ils sçauront recuser l'injuste stratagême
D'un témoin irrité qui s'accuse luy-mesme.
pour moy qui le premier seconday vos desseins,
Qui fis mesme jurer l'Armée entre ses mains,
Ie ne me repens point de ce zele sincere.
Madame, c'est un Fils, qui succede à son pere,
En adoptant Neron, Claudius par son choix
De son Fils & du vostre a confondu les droits.
Rome l'a pû choisir. Ainsi sans estre injuste
Elle choisit Tibere adopté par Auguste,
Et le jeune Agrippa de son sang descendu
Se vit exclus d'un rang vainement pretendu.
Sur tant de fondemens sa puissance établie
Par vous-mesme aujourd'huy ne peut estre affoiblie.
Et s'il m'écoute encor, Madame, sa bonté
Vous en fera bien-tost perdre la volonté.
I'ay commencé, ie vais poursuivre mon ouvrage.

# SCENE IV.

## AGRIPPINE, ALBINE.

ALBINE.

DAns quel emportement la douleur vous engage,
Madame! L'Empereur puisse-t-il l'ignorer!

AGRIPPINE.

Ah luy-mesme à mes yeux puisse-t-il se montrer!

ALBINE.

Madame, au nom des Dieux, cachez vostre colere.
Quoy pour les interests de la Sœur ou du Frere
Faut-il sacrifier le repos de vos jours?
Contraindrez-vous Cesar jusques dans ses amours?

AGRIPPINE.

Quoy tu ne vois donc pas jusqu'où l'on me ravale,
Albine? C'est à moy qu'on donne une Rivale.
Bien-tost, si ie ne romps ce funeste lien,
Ma place est occupée, & ie ne suis plus rien.
Iusqu'icy d'un vain titre Octavie honorée
Inutile à la Cour, en estoit ignorée.
Les graces, les honneurs par moy seule versez,
M'attiroient des mortels les vœux interessez.
Vne autre de Cesar a surpris la tendresse,
Elle aura le pouvoir d'Espouse & de Maistresse,
Le fruit de tant de soins, la pompe des Cesars,
Tout deviendra le prix d'un seul de ses regards.

Que dis-je ? L'on m'évite & déja délaissée...
Ah ! je ne puis, Albine, en souffrir la pensée.
Quand ie devrois du Ciel haster l'Arrest fatal,
Neron, l'ingrat Neron... Mais voicy son Rival.

# SCENE V.

## BRITANNICVS, AGRIPINE.

## NARCISSE, ALBINE.

BRITANNICVS.

Nos ennemis communs ne sont pas invincibles,
Madame. Nos mal heurs trouvent de cœurs sensibles.
Vos amis & les miens jusqu'alors si secrets,
Tandis que nous perdions le temps en vains regrets,
Animez du couroux qu'allume l'injustice
Viennent de confier leur douleur à Narcisse.
Neron n'est pas encor tranquille possesseur
De l'Ingrate, qu'il aime au mépris de ma Sœur.
Si vous estes toûjours sensible à son iniure,
On peut dans son devoir ramener le pariure.
La moitié du Senat s'interesse pour nous.
Sylla, Pison, Plautus...

AGRIPINE.

Prince que dites vous ?
Sylla, Pison, Plautus ! Les Chefs de la Noblesse !

BRITANNICVS.

Madame, ie voy bien que ce discours vous blesse,

Et que vostre courroux, tremblant, irresolu,
Craint déja d'obtenir tout ce qu'il a voulu.
Non, vous avez trop bien étably ma disgrace.
D'aucun amy pour moy ne redoutez l'audace.
Il ne m'en reste plus, & vos soins trop prudens
Les ont tous écartez ou seduits dés long-temps.

AGRIPINE.

Seigneur à vos soupçons donnez moins de creance
Nostre salut dépend de nostre intelligence.
I'ay promis, il suffit. Malgré vos ennemis,
Ie ne revoque rien de ce que i'ay promis.
Le coupable Neron fuit en vain ma colere.
Tost ou tard il faudra qu'il entende sa Mere.
I'essayray tour à tour la force & la douceur.
Où moy-mesme avec moy conduisant vostre Sœur,
I'iray semer par tout ma crainte & ses alarmes,
Et ranger tous les cœurs du party de ses larmes.
Adieu. I'assiegeray Neron de toutes parts.
Vous, si vous m'en croyez, évitez ses regards.

## SCENE VI.

### BRITANNICVS, NARCISSE.

BRITANNICUS.

NE m'as-tu point flatté d'une fausse esperance?
Puis-je sur ton recit fonder quelque assurance,
Narcisse?

NARCISSE.

Oüy. Mais, Seigneur, ce n'eſt pas en ces lieux
Qu'il faut déveloper ce Myſtere à vos yeux.
Sortons. Qu'attendez-vous?

BRITANNICUS.

Ce que i'attens, Narciſſe?
Helas!

NARCISSE.

Expliquez-vous.

BRITANNICUS.

Si par ton artifice
Ie pouvois revoir...

NARCISSE.

Qui?

BRITANNICUS.

I'en rougis. Mais enfin
D'un cœur moins agité i'attendrois mon deſtin.

NARCISSE.

Apres tous mes diſcours vous la croyez fidelle?

BRITANNICVS.

Non, ie la croy, Narciſſe, ingrate, criminelle,
Digne de mon couroux. Mais ie ſens malgré moy
Que ie ne le croy pas autant que ie le doy.
Dans ſes égaremens mon cœur opiniaſtre
Luy preſte des raiſons, l'excuſe, l'idolâtre.
Ie voudrois vaincre enfin mon incredulité,
Ie la voudrois haïr avec tranquilité,
Et qui croira qu'un cœur ſi grand en apparence,
D'une infidelle Cour ennemy dés l'enfance,
Renonce à tant de gloire, & dés le premier jour.
Trame une perfidie, innoüie à la Cour?

NARCISSE.

Et qui ſçait ſi l'ingrate en ſa longue retraite
N'a point de l'Empereur medité la défaite?
Trop ſeure que ſes yeux ne pouvoient ſe cacher,
Peut-eſtre elle fuyoit pour ſe faire chercher,

BIBL. NAT.

Pour exciter Cesar [illegible] la gloire penible
De vaincre une fierté iusqu'alors invincible.

BRITANNICUS.

Ie ne la puis donc voir?

NARCISSE.

Seigneur en ce moment
Elle reçoit les vœux de son nouvel Amant.

BRITANNICUS.

Hé bien, Narcisse, allons. Mais que vois-ie ? C'est elle.

NARCISSE.

Ah Dieux! A l'Empereur portons cette nouvelle.

## SCENE VII.

### BRITANNICVS, IVNIE.

JUNIE.

REtirez-vous, Seigneur, & fuyez un courroux
Que ma perseverance allume contre vous.
Neron est irrité. Ie me suis échappée
Tandis qu'à l'arrester sa Mere est occupée.
Adieu, reservez-vous, sans blesser mon amour,
Au plaisir de me voir iustifier un iour.
Vostre image sans cesse est presente à mon ame.
Rien ne l'en peut bannir.

BRITANNICUS.

Ie vous entens, Madame,

Vous voulez que ma fuite assure vos desirs,
Que je laisse un champ libre à vos nouveaux soûpirs?
Sans doute en me voyant, une pudeur secrete
Ne vous laisse gouster qu'une ioye inquiete.
Hé bien il faut partir.

IVNIE.

Seigneur, sans m'imputer ...

BRITANNICVS.

Ah! vous deviez du moins plus long-temps disputer.
Ie ne murmure point qu'une amitié commune
Se range du party que flatte la fortune,
Que l'éclat d'un Empire ait pû vous ébloüir,
Qu'aux dépens de ma Sœur vous en vouliez ioüir.
Mais que de ces grandeurs comme une autre occupée
Vous m'en ayez paru si long-temps détrompée;
Non, ie l'avoüe encor, mon cœur desesperé
Contre ce seul mal-heur n'étoit point preparé.
I'ay veu sur ma ruine élever l'iniustice.
De mes persecuteurs i'ay veu le Ciel complice.
Tant d'horreurs n'avoient point épuisé son courroux,
Madame. il me restoit d'estre oublié de vous.

IVNIE.

Dans un temps plus heureux m'a iuste impatience
Vous feroit repentir de vostre defiance.
Mais Neron vous menasse. En ce pressant danger,
Seigneur, i'ay d'autres soins que de vous affliger.
Allez, rassurez-vous, & cessez de vous plaindre,
Neron nous écoutoit. & m'ordonnoit de feindre.

BRITANNICVS.

Quoy, le cruel?....

IVNIE.

Témoin de tout nostre entretien
D'un visage severe examinoit le mien,
Prest à faire sur vous éclater la vengeance
D'un geste, confident de nostre intelligence.

BRITANNICVS.

Neron nous écoutoit, Madame! Mais helas!
Vos yeux auroient pû feindre & ne m'abuser pas.
Ils pouvoient me nommer l'auteur de cét outrage.
L'amour est-il muet, ou n'a-t'il qu'un langage?
De quel trouble un regard pouvoit me preserver?
Il faloit...

IVNIE.

Il faloit me taire, & vous sauver.
Combien de fois, helas! puis qu'il faut vous le dire,
Mon cœur de son desordre alloit-il vous instruire?
De combien de soûpirs interrompant le cours
Ay-je évité vos yeux que je cherchois tousiours!
Quel tourment de se taire en voyant ce qu'on aime!
De l'entendre gemir, de l'affliger soy mesme,
Lors que par un regard on peut le consoler!
Mais quels pleurs ce regard auroit il fait couler!
Ah! dans ce souvenir inquiete, troublée,
Ie ne me sentois pas assez dissimulée
De mon front effrayé je craignois la pasleur.
Ie trouvois mes regards trop pleins de ma douleur.
Sans cesse il me sembloit que Neron en colere
Me venoit reprocher trop de soin de vous plaire.
Ie craignois mon amour vainement renfermé,
Enfin j'aurois voulu n'avoir jamais aimé
Helas! Pour son bon-heur, Seigneur, & pour le nôtre,
Il n'est que trop instruit de mon cœur & du vostre.
Allez encore un coup, cachez vous à ses yeux.
Mon cœur plus à loisir vous éclaircira mieux.
De mille autres secrets j'aurois conte à vous rendre.

BRITANNICVS.

Ah! N'en voilà que trop pour me faire comprendre,
Madame, mon bon-heur, mon crime, vos bontez.
Et sçavez-vous pour moy tout ce que vous quittez?
Quand pourray-je à vos piez expier ce reproche?

IVNIE.

Que faites-vous? Helas, vostre Rival s'approche.

# SCENE VIII.

## NERON, BRITANNICUS, JUNIE.

NERON.

PRince, continuez des transports si charmans.
Ie conçoy vos bontez par ses remercimens,
Madame, à vos genoux je viens de le surprendre.
Mais il auroit aussi quelque grace à me rendre,
Ce lieu le favorise, & je vous y retiens
Pour luy faciliter de si doux entretiens.

BRITANNICVS.

Ie puis mettre à ses pieds ma douleur, ou ma joye,
Par tout où sa bonté consent que ie la voye.
Et l'aspect de ces lieux, où vous la retenez
N'a rien dont mes regards doivent estre estonnez.

NERON.

Et que vous monstrent-ils qui ne vous avertisse
Qu'il faut qu'on me respecte, & que l'on m'obeïsse?

BRITANNICVS.

Ils ne nous ont pas veu l'un & l'autre élever,
Moy pour vous obeïr, & vous pour me braver,
Et ne s'attendoient pas, lors qu'ils nous virent naître,
Qu'un jour Domitius me dût parler en maistre.

NERON.

Ainsi par le destin nos vœux sont traversez,
I'obeïssois alors, & vous obeïssez.

Si vous n'avez appris à vous laisser conduire,
Vous estes jeune encore, & l'on peut vous instruire.
BRITANNICVS.
Et qui m'en instruira?
NERON.
Tout l'Empire à la fois,
Rome.
BRITANNICVS.
Rome met elle au nombre de vos droits
Tout ce qu'a de cruel l'injustice & la force,
Les emprisonnemens, le rapt, & le divorce?
NERON.
Rome ne porte point ses regards curieux
Jusques dans des secrets que je cache à ses yeux.
Imitez son respect.
BRITANNICVS.
On sçait ce qu'elle en pense.
NERON.
Elle se taist du moins, imitez son silence.
BRITANNICVS.
Ainsi Neron commence à ne se plus forcer.
NERON.
Neron de vos discours commence à se lasser.
BRITANNICVS.
Chacun devoit benir le bon-heur de son regne.
NERON.
Heureux ou mal-heureux, il suffit qu'on me craigne.
BRITANNICVS.
Je connoy mal Junie, ou de tels sentimens
Ne meriteront pas ses applaudissemens.
NERON.
Du moins si je ne sçay le secret de luy plaire,
Je sçay l'art de punir un Rival temeraire.
BRITANNICVS.
Pour moy, quelque peril qui me puisse accabler,
Sa seule inimitié peut me faire trembler.
NERON.
Souhaittez là. C'est tout ce que je vous puis dire.

BRITANNICVS.

Le bon-heur de luy plaire est le seul où j'aspire.

NERON.

Elle vous l'a promis, vous luy plairez tousiours.

BRITANNICVS.

Ie ne sçay pas du moins épier ses discours.
Ie la laisse expliquer sur tout ce qui me touche,
Et ne me cache point pour luy fermer la bouche.

NERON.

Ie vous entens. Hé bien, Gardes.

IVNIE.

Que faites-vous?
C'est vostre Frere. Helas! C'est un Amant jaloux.
Seigneur, mille mal-heurs persecutent sa vie.
Ah! son bon-heur peut-il exciter vostre envie?
Souffrez que de vos cœurs rapprochant les liens,
Ie me cache à vos yeux, & me dérobe aux siens.
Ma fuite arrestera vos discordes fatales,
Seigneur j'iray remplir le nombre des Vestales.
Ne luy disputez plus mes vœux infortunez,
Souffrez que les Dieux seuls en soient importunez.

NERON.

L'entreprise, Madame, est estrange & soudaine.
Dans son Apartement, Gardes, qu'on la remeine.
Gardez Britannicus dans celuy de sa Sœur.

BRITANNICVS.

C'est ainsi que Neron sçait disputer un cœur.

IVNIE.

Prince, sans l'irriter, cedons à cét orage.

NERON.

Gardes, obeïssez, sans tarder d'avantage.

# SCENE IX.

## NERON, BVRRHVS.

BURRHUS.

QVe vois-je ? O Ciel!

NERON. *sans voir Burrhus.*

Ainsi leurs feux sont redoublez,
Ie reconnoy la main qui les a rassemblez.
Agrippine ne s'est presentée à ma veuë,
Ne s'est dans ses discours si long-temps estenduë,
Que pour faire joüer ce ressort odieux.
Qu'on sçache si ma Mere est encore en ces lieux.
Burrhus, dans ce Palais je veux qu'on la retienne,
Et qu'au lieu de sa Garde, on luy donne la mienne.

BVRRHVS.

Quoy, Seigneur ? sans l'oüir ? Vne Mere?

NERON.

Arrestez.
I'ignore quel projet, Burrhus, vous meditez.
Mais depuis quelques iours tout ce que ie desire
Trouve en vous un Censeur, prest à me contredire.
Répondez m'en, vous dis-ie, ou sur vostre refus
D'autres me répondront & d'Elle, & de Burrhus.

ACTE.

# ACTE IV.

## SCENE PREMIERE.

AGRIPPINE, BURRHUS.

BVRRHVS.

OVY Madame, à loisir vous pourrez vous deffendre.
Cesar luy mesme icy consent de vous entendre.
Si son ordre au Palais vous a fait retenir,
C'est peut-estre à dessein de vous entretenir.
Quoy qu'il en soit, si i'ose expliquer ma pensée,
Ne vous souvenez plus qu'il vous ait offensée.
Preparez vous plustost à luy tendre les bras.
Deffendez vous, Madame, & ne l'accusez pas.
Vous le voyez, c'est luy que la Cour envisage.
Quoy qu'il soit vostre Fils, & même vostre ouvrage,
Il est vostre Empereur. Vous estes comme nous
Suiette à ce pouvoir qu'il a receu de vous.
Selon qu'il vous menasse, ou bien qu'il vous caresse,
La Cour autour de vous ou s'écarte, ou s'empresse.

C'est son appuy qu'on cherche, en cherchant vôtre
appuy
Mais voicy l'Empereur.

AGRIPPINE.

Qu'on me laisse avec luy.

## SCENE II.

### AGRIPPINE, NERON.

AGRIPPINE. *s'asseyant.*

APprochez-vous, Neron, & prenez vostre place.
On veut sur vos soupçons que ie vous satis-
fasse.
I'ignore de quel crime on a pû me noircir.
De tous ceux que j'ay faits ie vais vous éclaicir.
Vous regnez. Vous sçavez combien vostre naissance
Entre l'Empire & vous avoit mis de distance.
Les droits de mes Ayeux que Rome a consacrez
Estoient mesme, sans moy, d'inutiles degrez.
Quand de Britannicus la Mere condamnée
Laissa de Claudius disputer l'Hymenée,
Parmy tant de Beautez qui briguerent son choix,
Qui de ses Affranchis mandierent les voix,
Ie souhaittay son lit, dans la seule pensée
De vous laisser au Trône, où ie serois placée.
Ie fléchis mon orgueil, i'allay prier Pallas,
Son Maistre chaque iour caressé dans mes bras
Prit insensiblement dans les yeux de sa Niéce
L'amour, où ie voulois amener sa tendresse.

Mais ce lien du sang qui nous ioignoit tous deux
Escartoit Claudius d'un lit incestueux.
Il n'osoit épouser la Fille de son Frere.
Le Senat fut seduit. Vne loy moins severe
Mit Claude dans mon lit,& Rome à mes genoux.
C'étoit beaucoup pour moy, ce n'étoit rien pour vous.
Ie vous fis sur mes pas entrer dans sa Famille.
Ie vous nommay son Gendre, & vous donnay sa Fille.
Silanus qui l'aimoit, s'en vit abandonné,
Et marqua de son sang ce iour infortuné.
Ce n'étoit rien encore. Eussiez-vous pû pretendre
Qu'un iour Claude à son Fils dût preferer son Gendre?
De ce mesme Pallas i'imploray le secours,
Claude vous adopta, vaincu par ses discours,
Vous appella Neron, & du pouvoir suprême
Voulut avant le temps vous faire part luy-mesme.
C'est alors que chacun rappellant le passé
Découvrit mon dessein, déia trop avancé,
Que de Britannicus la disgrace future
Des amis de son Pere excita le murmure.
Mes promesses aux uns ébloüirent les yeux,
L'exil me délivra des plus seditieux.
Claude même lassé de ma plainte éternelle
Esloigna de son Fils tous ceux, de qui le zele
Engagé dés long-temps à suivre son destin,
Pouvoit du Trône encor luy rouvrir le chemin.
Ie fis plus: Ie choisis moy-même dans ma suite
Ceux à qui ie voulois qu'on livrast sa conduite.
I'eus soin de vous nommer, par un contraire choix
Des Gouverneurs que Rome honoroit de sa voix.
Ie fus sourde à la brigue, & crus la Renommée.
I'appellay de l'exil, ie tiray de l'Armée,
Et ce même Seneque, & ce même Burrhus,
Qui depuis. Rome alors estimoit leurs vertus.
De Claude en même temps épuisant les richesses

Ma main, sous vôtre nom, répandoit ses largesses.
Les Spectacles, les dons, invincibles appas
Vous attiroient les cœurs du Peuple, & des Soldars,
Qui d'ailleurs réveillant leur tendresse premiere
Favorisoient en vous Germanicus mon Pere.
Cependant Claudius panchoit vers son declin.
Ses yeux long-temps fermez s'ouvrirent à la fin.
Il connût son erreur. Occupé de sa crainte
Il laissa pour son Fils échapper quelque plainte,
Et voulût, mais trop tard, assembler ses Amis.
Ses Gardes, son Palais, son lit m'étoient soûmis.
Ie luy laissay sans fruit consumer sa tendresse,
De ses derniers soûpirs ie me rendis maistresse,
Mes soins, en apparence épargnant ses douleurs,
De son Fils, en mourant, luy cacherent les pleurs.
Il mourut. Mille bruits en courent à ma honte.
I'arrestay de sa mort la nouvelle trop promte:
Et tandis que Burrhus alloit secrettement
De l'Armée en vos mains exiger le serment,
Que vous marchiez au Camp, conduit sous mes auspices,
Dans Rome les Autels fumoient de sacrifices,
Par mes ordres trompeurs tout le Peuple excité
Du Prince desia mort demandoit la santé.
Enfin des Legions l'entiere obeyssance
Ayant de vostre Empire affermy la puissance,
On vit Claude, & le Peuple estonné de son sort
Apprit en même temps vostre regne, & sa mort.
C'est le sincere aveu que ie voulois vous faire.
Voilà tous mes forfaits. En voicy le salaire.
Du fruit de tant de soins à peine ioüissant
En avez vous six mois paru reconnoissant,
Que lassé d'un respect, qui vous gênoit peut-estre,
Vous avez affecté de ne me plus connoistre.
I'ay vû Burrhus, Seneque, aigrissant vos soupçons
De l'infidelité vous tracer des leçons,
Ravis d'estre vaincus dans leur propre science.

I'ay veu favoriser de vostre confiance
Othon, Senecion, ieunes voluptueux,
Et de tous vos plaisirs flatteurs respectueux.
Et lors que vos mépris excitant mes murmures,
Ie vous ay demandé raison de tant d'injures,
(Seul recours d'un Ingrat qui se voit confondu)
Par de nouveaux affronts vous m'avez répondu.
Aujourd'huy je promets Iunie à vostre Frere,
Ils se flattent tous deux du choix de vostre Mere,
Que faites-vous ? Iunie enlevée à la Cour
Devient en une nuit l'objet de vostre amour.
Ie voy de vostre cœur Octavie effacée
Preste à sortir du lit, où je l'avois placée.
Ie voy Pallas banny, vostre Frere arresté,
Vous attentez enfin jusqu'à ma liberté,
Burrhus ose sur moy porter ses mains hardies.
Et lors que convaincu de tant de perfidies
Vous deviez ne me voir que pour les expier,
C'est vous, qui m'ordonnez de me justifier.

NERON

Ie me souviens tousiours que je vous doy l'Empire.
Et sans vous fatiguer du soin de le redire,
Vostre bonté, Madame, avec tranquilité
Pouvoit se reposer sur ma fidelité.
Aussi bien ces soupçons, ces plaintes assiduës
Ont fait croire à tous ceux qui les ont entenduës,
Que jadis (j'ose icy vous le dire entre nous)
Vous n'aviez sous mon nom travaillé que pour vous.
*Tant d'honneurs (disoient ils) & tant de defferences*
*Sont-ce de ses bien faits de foibles recompenses?*
*Quel crime a donc commis ce Fils tant condamné?*
*Est-ce pour obeyr qu'elle l'a couronné?*
*N'est il de son pouvoir que le Depositaire?*
Non, que si jusques là j'avois pû vous complaire,
Ie n'eusse pris plaisir, Madame, à vous ceder
Ce pouvoir que vos cris sembloient redemander.
Mais Rome veut un Maistre, & non une Maistresse.

Vous entendiez les bruits qu'excitoit ma foiblesse.
Le Senat chaque jour, & le Peuple irritez
De s'oüir par ma voix dicter vos volontez,
Publioient qu'en mourant Claude avec sa puissance
M'avoit encor laissé sa simple obeïssance
Vous avez veu cent fois nos Soldats en courroux
Porter en murmurant leurs Aigles devant vous,
Honteux de rabaisser par cét indigne usage
Les Heros, dont encore elles portent l'image.
Toute autre se seroit renduë à leurs discours,
Mais si vous ne regnez, vous vous plaignez tousiours.
Avec Britannicus contre moy reünie,
Vous le fortifiez du party de Iunie,
Et la main de Pallas trame tous ces complots.
Et lors que, malgré moy, j'assure mon repos,
On vous voit de colere, & de haine animée.
Vous voulez presenter mon Rival à l'Armée.
Déja jusques au Camp le bruit en a couru.

AGRIPPINE.

Moy le faire Empereur, Ingrat? L'avez-vous crû?
Quel seroit mõ dessein? Qu'aurois-je pû pretendre?
Quels honneurs dans sa Cour, quel rang pourrois-je attendre?
Ah! si sous vostre Empire on ne m'épargne pas,
Si mes Accusateurs observent tous mes pas,
Si de leur Empereur ils poursuivent la Mere,
Que ferois-je au milieu d'une Cour estrangere?
Ils me reprocheroient, non des cris impuissans,
Des desseins estouffez aussi-tost que naissans,
Mais des crimes pour vous commis à vostre veuë,
Et dont ie ne serois que trop tost convaincuë.
Vous ne me trompez point, ie voy tous vos détours,
Vous estes un Ingrat, vous le fustes tousiours.
Dés vos plus ieunes ans mes soins & mes tendresses
N'ont arraché de vous que de feintes caresses.
Rien ne vous a pû vaincre, & vostre dureté
Auroit dû dans son cours arrester ma bonté.
Que ie suis mal-heureuse! Et par quelle infortune

Faut-il que tous mes soins me rendent importune?
Ie n'ay qu'un Fils. O Ciel qui m'entens aujourd'huy,
T'ay-ie fait quelques vœux qui ne fussent pour luy?
Remors, crainte, perils, rien ne m'a retenuë.
I'ay vaincu ses mépris, i'ay détourné ma veuë
Des malheurs, qui dés lors me furent annoncez.
I'ay fait ce que i'ay pû: vous regnez, c'est assez.
Avec ma liberté, que vous m'avez ravie,
Si vous le souhaittez prenez encor ma vie;
Pourveu que par ma mort tout le Peuple irrité
Ne vous ravisse pas ce qui m'a tant cousté.

NERON.

Hé bien donc, prononcez, que voulez-vous qu'on
fasse?

AGRIPPINE.

De mes accusateurs qu'on punisse l'audace,
Que de Britannicus on calme le courroux,
Que Iunie à son choix puisse prendre un Espoux,
Qu'ils soient libres tous deux, & que Pallas demeure,
Que vous me permettiez de vous voir à toute heure.
Que ce mesme Burrhus, qui nous vient écouter. *
A vostre porte enfin n'ose plus m'arrester.

NERON.

Ouy, Madame, ie veux que ma reconnoissance
Desormais dans les cœurs grave vostre puissance,
Et ie beny déja cette heureuse froideur
Qui de nostre amitié va rallumer l'ardeur.
Quoy que Pallas ait fait, il suffit, ie l'oublie.
Avec Britannicus ie me reconcilie,
Et quant à cét amour qui nous a separez,
Ie vous fais nostre arbitre, & vous nous iugerez.
Allez donc, & portez cette ioye à mon Frere.
Gardes, qu'on obeïsse aux ordres de ma Mere.

* *Burrhus rentre.*

## SCENE III.

### NERON, BVRRHVS.

BURRHUS.

QVe cette paix, Seigneur, & ces embrassemens
Vont offrir à mes yeux des spectacles charmans!
Vous sçavez si jamais ma voix luy fut contraire,
Si de son amitié i'ay voulu vous distraire,
Et si i'ay merité cét iniuste courroux.

NERON.

Ie ne vous flatte point, ie me plaignois de vous,
Burrhus, ie vous ay cru tous deux d'intelligence.
Mais son inimitié vous rend ma confiance.
Elle se haste trop, Burrhus, de triompher.
I'embrasse mon Rival, mais c'est pour l'étouffer.

BURRHUS.

Quoy Seigneur?

NERON.

C'en est trop. Il faut que sa ruyne
Me délivre à iamais des fureurs d'Agrippine
Tant qu'il respirera ie ne vy qu'à demy.
Elle m'a fatigué de ce nom ennemy,
Et ie ne pretens pas que sa coupable audace
vne seconde fois luy presente ma place.

BURRHUS.

Elle va donc bien tost pleurer Britannicus.

NERON.

Avant la fin du iour ie ne le craindray plus.

BURRHUS.

Et qui de ce dessein vous inspire l'envie ?

NERON.

Ma gloire, mon amour, ma seureté, ma vie.

BURRHUS.

Non, quoy que vous disiez, cét horrible dessein
Ne fut iamais, Seigneur, conceu dans vostre sein.

NERON.

Burrhus ?

BURRHUS.

De vostre bouche, ô Ciel, puis-ie l'apprendre?
Vous mesme sans fremir avez vous pû l'entendre ?
Songez-vous dans quel sang vous allez-vous baigner ?
Neron dans tous les cœurs est-il las de regner ?
que dira-t'on de vous? Quelle est vostre pensée ?

NERON.

Quoy toûiours enchaîné de ma gloire passée
I'auray devant les yeux ie ne sçay quel amour
Que le hazard nous donne & nous oste en un iour?
Soûmis à tous leurs vœux, à mes desirs contraire
Suis-ie leur Empereur seulement pour leur plaire?

BURRHUS.

Et ne suffit-il pas, Seigneur, à vos souhaits
Que le bon-heur public soit un de vos bien-faits?
C'est à vous à choisir, vous estes encor Maistre.
Vertueux iusqu'icy vous pouvez toûiours l'estre.
Le chemin est tracé, rien ne vous retient plus.
Vous n'avez qu'à marcher de vertus en vertus.
Mais si de vos flateurs vous suivez la maxime,
Il vous faudra, Seigneur, courir de crime en crime.
Soûtenir vos rigueurs, par d'autres cruautez,
Et laver dans le sang vos bras ensanglantez.
Britannicus mourant, excitera le zele
De ses Amis tout prests à prendre sa querelle.

Ces Vangeurs trouveront de nouveaux Défenseurs,
Qui même aprés leur mort auront des Successeurs.
Vous allumez un feu qui ne pourra s'éteindre.
Craint de tout l'Vnivers il vous faudra tout craindre,
Toûiours punir, toûiours trembler dans vos proiets.
Et pour vos Ennemis conter tous vos suiets.
Ah de vos premiers ans l'heureuse experience
Vous fait-elle, Seigneur, haïr vostre innocence?
Songez-vous au bon heur qui les a signalez?
Dans quel repos, ô Ciel, les avez-vous coulez?
Quel plaisir de penser & de dire en vous-même,
*Par tout, en ce moment, on me benit, on m'aime.*
*On ne voit point le Peuple à mon nom s'allarmer,*
*Le Ciel dans tous leurs pleurs ne m'entend point nommer.*
*Leur sombre inimitié ne fuit point mon visage,*
*Ie vois voler par tout les cœurs à mon passage.*
Tels estoient vos plaisirs. Quel changement, ô Dieux?
Le sang le plus abiect vous estoit precieux.
un iour, il m'en souvient, le Senat équitable
Vous pressoit de souscrire à la mort d'un coupable.
Vous resistiez, Seigneur, à leur severité,
Vostre cœur s'accusoit de trop de cruauté,
Et plaignant les malheurs attachez à l'Empire.
*Ie voudrois*, disiez-vous, *ne sçavoir pas écrire.*
Non, ou vous me croirez, ou bien de ce malheur
Ma mort m'épargnera la veuë & la douleur.
On ne me verra point survivre à vostre gloire.
Si vous allez commettre une action si noire,
* Me voilà prest, Seigneur. Avant que de partir,
Faites percer ce cœur qui n'y peut consentir.
Appellez les cruels qui vous l'ont inspirée,
Qu'ils viennent essayer leur main mal assurée.
Mais ie voy que mes pleurs touchent mon Empereur.
Ie voy que sa vertu fremit de leur fureur.
Ne perdez point de temps, nômez-moy les perfides

Qui vous osent donner ces conseils parricides.
Appellez vostre Frere. Oubliez dans ses bras . . .

NERON.

Ah que demandez-vous ?

BURRHUS.

Non, il ne vous haït pas,
Seigneur, on le trahit, ie sçay son innocence,
Ie vous répons pour luy de son obeyssance.
I'y cours. Ie vais presser un entretien si doux.

NERON.

Dans mon Appartement qu'il m'attende, avec vous.

* *Il se iette à genoux.*

# SCENE IV.

## NERON, NARCISSE.

NARCISSE.

SEigneur, i'ay tout preveu pour une mort si iuste!
Le poison est tout prest. La fameuse Locuste
A redoublé pour moy ses soins officieux.
Elle a fait expirer un esclave à mes yeux;
Et le fer est moins prompt pour trancher une vie,
Que le nouveau poison que sa main me confie.

NERON.

Narcisse, c'est assez ie reconnois ce soin,
Et ne souhaitte pas que vous alliez plus loin.

NARCISSE.

Quoy pour Britannicus vostre haine affoiblie
Me défend. . . .

NERON.

Ouy Narcisse, on nous reconcilie.

NARCISSE.

Ie me garderay bien de vous en détourner,
Seigneur. Mais il s'est veu tantost emprisonner.
Cette offense en son cœur sera long-temps nouvelle.
Il n'est point de secrets que le temps ne revele,
Il sçaura que ma main luy devoit presenter
Vn poison, que vostre ordre avoit fait apprêter.
Les Dieux de ce dessein puissent-ils le distraire!
Mais peut-estre il fera ce que vous n'osez faire.

NERON.

On répond de son cœur, & ie vaincray le mien.

NARCISSE.

Et l'Hymen de Iunie en est-il le lien?
Seigneur, luy faites-vous encor ce sacrifice?

NERON.

C'est prendre trop de soin. Quoy qu'il en soit,
Narcisse,
Ie ne le compte plus parmy mes Ennemis.

NARCISSE.

Agrippine, Seigneur, se l'étoit bien promis.
Elle a repris sur vous son souverain Empire.

NERON.

Quoy donc? Qu'a-t'elle dit? Et que voulez-vous
dire?

NARCISSE.

Elle s'en est vantée assez publiquement.

NERON.

De quoy?

NARCISSE.

Qu'elle n'avoit qu'à vous voir un moment;
Qu'à tout ce grand éclat, à ce courroux funeste.

On

On verroit succeder un silence modeste,
que vous-mesme à la Paix souscrirez le premier,
Heureux que sa bonté daignast tout oublier.

NERON.

Mais, Narcisse, dis-moy, que veux tu que ie fasse?
Ie n'ay que trop de pente à punir son audace.
Et si ie m'en croyois ce triomphe indiscret
Seroit bien tost suivy d'un éternel regret.
Mais de tout l'Vnivers quel sera le langage?
Sur les pas des Tyrans veux tu que ie m'engage,
Et que Rome effaçant tant de titres d'honneur
Me laisse pour tous noms celuy d'empoisonneur?
ils mettront ma vengeance au rang des parricides.

NARCISSE.

Et prenez-vous, Seigneur, leurs caprices pour guides.
Avez-vous pretendu qu'ils se tairoient toûjours?
Est-ce à vous de prester l'oreille à leurs discours?
De vos propres desirs perdrez-vous la memoire?
Et serez-vous le seul que vous n'oserez croire?
Mais, Seigneur, les Romains ne vous sont pas connus.
Non non, dans leurs discours ils sont plus retenus.
Tant de precaution affoiblit vostre regne.
Ils croiront en effet meriter qu'on le craigne.
Au joug depuis long temps ils se sont façonnez.
ils adorent la main qui les tient enchaînez.
Vous les verrez toûjours ardens à vous complaire.
Leur prompte servitude a fatigué Tibere.
Moy-mesme revestu d'un pouvoir emprunté,
Que ie receus de Claude avec la liberté,
i'ay cent fois dans le cours de ma gloire passée
Tenté leur patience, & ne l'ay point lassée.
D'un empoisonnement vous craignez la noirceur.
Faites perir le Frere, abandonnez la Sœur.
Rome sur les Autels prodiguant les victimes,
Fussent-ils innocens? leur trouvera des crimes.
Vous verrez mettre au rang des iours infortunez
Ceux où iadis la Sœur ou le Frere sont nez.

NERON.

Narcisse, encore un coup, ie ne puis l'entreprendre
I'ay promis à Burrhus, il a falu me rendre.
Ie ne veux point encore en luy manquant de foy
Donner à sa vertu des armes contre moy.
I'oppose à ses raisons un courage inutile,
Ie ne l'écoute point avec un cœur tranquille.

NARCISSE.

Burrhus ne pense pas, Seigneur, tout ce qu'il dit.
Son adroite vertu ménage son credit.
Ou plûtost ils n'ont tous qu'une mesme pensée.
Ils verroient par ce coup leur puissance abbaissée,
Vous seriez libre alors, Seigneur, & devant vous
Ces Maistres orgueilleux flechiroient comme nous.
Quoy donc ignorez vous tout ce qu'ils osent dire?
*Neron*, s'ils en sont crus, *n'est point né pour l'Empire.*
*Il ne dit, il ne fait, que ce qu'on luy prescrit,*
*Burrhus conduit son cœur. Seneque son esprit.*
*Pour toute ambition, pour vertu singuliere,*
*Il excelle à conduire un char dans la carriere,*
*A disputer des prix indignes de ses mains,*
*A se donner luy mesme en spectacle aux Romains,*
*A venir prodiguer sa voix sur un theatre,*
*A reciter des chants, qu'il veut qu'on idolatre,*
*Tandis que des Soldats de momens en momens*
*Vont arracher pour luy des Applaudissemens.*
Ah ne voulez-vous pas les forcer à se taire?

NERON.

Vien, Narcisse. Allons voir ce que nous devons faire.

# ACTE V.

## SCENE PREMIERE.

### BRITANNICVS, IVNIE.

BRITANNICVS.

OVY, Madame, Neron (qui l'auroit pû penser?)
Dans son Appartement m'attend pour m'embrasser.
Il y fait de sa Cour inviter la ieunesse.
Il veut que d'un Festin la pompe & l'allegresse
Confirment à leurs yeux la foy de nos sermens,
Et réchauffent l'ardeur de nos embrassemens.
Il éteint cét amour, source de tant de haine,
Il vous fait de mon sort l'arbitre souveraine.
Pour moy quoy que banny du rang de mes Ayeux,
Quoy que de leur dépoüille il se pare à mes yeux,
Depuis qu'à mon amour cessant d'estre contraire,
Il semble me ceder la gloire de vous plaire,

Mon cœur, ie l'avoüray, luy pardonne en secret,
Et luy laisse le reste avec moins de regret.
Quoy ie ne seray plus separé de vos charmes!
Quoy mesme en ce moment ie puis voir sans allarmes
Ces yeux, que n'ont émeus ny soûpirs, ny terreur,
Qui m'ont sacrifié l'Empire & l'Empereur!
Ah Madame! Mais quoy? qu'elle nouvelle crainte
Tient parmy mes transports vostre joye en contrainte?
D'où vient, qu'en m'écoutant, vos yeux, vos tristes yeux
Avec de longs regards se tournent vers les Cieux?
Qu'est-ce que vous craignez?

JUNIE.

Ie l'ignore moy-mesme.
Mais ie crains.

BRITANNICUS.

Vous m'aimez?

JUNIE.

Helas, si ie vous aime

BRITANNICUS.

Neron ne trouble plus nostre felicité.

JUNIE.

Mais me répondez vous de sa sincerité?

BRITANNICUS.

Quoy vous le soupçonnez d'une haine couverte?

*IVNIE.*

Neron m'aimoit tantost, il iuroit vostre perte.
Il me fuit, il vous cherche. Vn si grand changement
Peut-il estre, Seigneur, l'ouvrage d'un moment?

BRITANNICVS.

Cét ouvrage, Madame, est vn coup d'Agrippine.
Elle a crû que ma perte entrainoit sa ruyne.
Grace aux preventions de son esprit jaloux,
Nos plus grands ennemis ont combattu pour nous.

Ie m'en fie aux transports qu'elle m'a fait paraistre.
Ie m'en fie à Burrhus. I'en croy même son Maistre.
Ie croy, qu'à mon exemple impuissant à trahir,
Il hait à cœur ouvert, ou cesse de hayr.

*IVNIE.*

Seigneur, ne iugez pas de son cœur par le vostre.
Sur des pas differens vous marchez l'un & l'autre.
Ie ne connois Neron & la Cour que d'un iour.
Mais (si ie l'ose dire,) helas! dans cette Cour
Combien tout ce qu'on dit est loin de ce qu'on pense.
Que la bouche & le cœur sont peu d'intelligence!
Avec combien de ioye on y trahit sa foy!
Quel sejour étranger & pour vous & pour moy?

BRITANNICVS.

Mais que son amitié soit veritable ou feinte,
Si vous craignez. Neron, luy-mesme est-il sans crainte?
Non non, il n'ira point pour un lâche attentat
Soulever contre luy le Peuple & le Senat,
Que dis-ie? Il reconnoist sa derniere iniustice.
Ses remords ont paru mesme aux yeux de Narcisse.
Ah s'il vous avoit dit, ma Princesse à quel point...

*IVNIE.*

Mais Narcisse, Seigneur, ne vous trahit-il point?

BRITANNICVS.

Luy me trahir? Hé quoy vous Voulez donc, Madame,
Qu'à d'éternels soupçons i'abandonne mon ame?
Seul de tous mes Amis Narcisse m'est resté.
L'a-t-on veu de mon pere oublier la bonté?
S'est-il rendu, Madame, indigne de la mienne?
Neron de temps en temps souffre qu'il l'entretienne.
Ie le sçay. Mais il peut, sans violer sa foy,
Tenir lieu d'interprete entre Neron & moy.
Et pourquoy voulez-vous que mon cœur s'en defie?

*IVNIE.*

Et que sçay-ie? Il y va, Seigneur, de vostre vie.
Tout m'est suspect, ie crains que tout ne soit seduit.
Ie crains Neron. Ie crains le mal heur qui me suit.

D'un noir pressentiment malgré moy prevenuë,
Ie vous laisse à regret éloigner de ma veuë.
Helas si cette paix, dont vous vous repaissez,
Couvroit contre vos iours quelques pieges dressez.
Si Neron irrité de nostre intelligence
Avoit choisi la nuit pour cacher sa vengeance.
S'il preparoit ses coups tandis que ie vous vois:
Et si ie vous parlois pour la derniere fois,
Ah Prince.

BRITANNICVS.

Vous pleurez. Ah ma chere Princesse.
Et pour moy iusques là vostre cœur s'interesse?
Quoy, Madame, en un iour, où plein de sa grandeur
Neron croit éblouïr vos yeux de sa splendeur,
Dans des lieux où chacun me fuit & le revere,
Aux pompes de sa Cour preferer ma misere.
Quoy dans ce mesme iour, & dans ces mesmes lieux
Refuser un Empire & pleurer à mes yeux.
Mais, Madame, arrestez ces pretieuses larmes;
Mon retour va bien-tost dissiper vos allarmes.
Ie me rendrois suspect par un plus long seiour.
Adieu, ie vais le cœur tout plein de mon amour
Au milieu des transports d'une aveugle ieunesse,
Ne voir, n'entretenir que ma belle Princesse.
Adieu.

*IVNIE.*

Prince...

BRITANNICVS.

On m'attend, Madame, il faut partir.

*IVNIE.*

Mais du moins attendez qu'on vous vienne avertir.

## SCENE II.

AGRIPPINE, BRITANNICUS, JUNIE.

AGRIPPINE.

PRince, que tardez-vous? Partez en diligence.
Neron impatient se plaint de vostre absence.
La joye & le plaisir de tous les Conviez
Attend pour éclater que vous vous embrassiez.
Ne faites point languir une si juste envie.
Allez. Et nous, Madame, allons chez Octavie.

BRITANNICVS.

Allez, belle Iunie, & d'un esprit content
Hastez-vous d'embrasser ma Sœur qui vous attend.
Dés que je le pourray je reviens sur ses traces,
Madame, & de vos soins j'iray vous rendre graces.

## SCENE III.

AGRIPPINE, IVNIE.

AGRIPPINE.

MAdame, ou ie me trompe, ou durant vos Adieux
Quelques pleurs repandus ont obscurcy vos yeux.

Puis-ie sçavoir quel trouble a formé ce nuage?
Doutez-vous d'une Paix, dont ie fay mon ouvrage?

*IVNIE.*

Apres tous les ennuis que ce iour m'a coustez,
Ay-ie pû rassurer mes esprits agitez?
Helas! à peine encor ie conçoy ce miracle.
Quand même à vos bontez ie craindrois quelque obstacle,
Le changement, Madame, est commun à la Cour,
Et tousiours quelque crainte accompagne l'amour.

AGRIPPINE.

Il suffit, i'ay parlé tout a changé de face.
Mes soins à vos soupçons ne laissent point de place.
Ie répons d'une Paix iurée entre mes mains,
Neron m'en a donné des gages trop certains.
Ah si vous aviez veu par combien de caresses
Il m'a renouvellé la foy de ses promesses!
Par quels embrassemens il vient de m'arrester!
Ses bras dans nos Adieux ne pouvoient me quitter.
Sa facile bonté sur son front répanduë
Iusqu'aux moindres secrets est d'abord descenduë.
Il s'épanchoit en Fils, qui vient en liberté
Dans le sein de sa Mere oublier sa fierté.
Mais bien-tost reprenant un visage severe,
Tel que d'un Empereur qui consulte sa Mere,
Sa confidence auguste a mis entre mes mains
Des secrets d'où dépend le destin des humains.
Non, il le faut icy confesser à sa gloire.
Son cœur n'enferme point une malice noire,
Et nos seuls ennemis alterant sa bonté
Abusoient contre nous de sa facilité.
Mais enfin à son tour leur puissance decline.
Rome encore une fois va connoistre Agrippine.
Desia, de ma faveur on adore le bruit.
Cependant en ces lieux n'attendons pas la nuit,
Passons chez Octavie, & donnons luy le reste

D'un iour autant heureux que ie l'ay crû funeste.
Mais qu'est ce que j'entens! Quel tumulte confus?
Que peut-on faire?

IVNIE.

O Ciel! sauvez Britannicus.

# SCENE IV.

AGRIPPINE, JUNIE, BURRHUS.

AGRIPPINE.

Burrhus, où courez-vous? Arrestez. Que vous dire...

BVRRHVS.

Madame, c'en est fait, Britannicus expire.

IVNIE.

Ah mon Prince!

AGRIPPINE.

Il expire?

BVRRHVS.

Ou plustost il est mort, Madame.

IVNIE.

Pardonnez, Madame, à ce transport.
Ie vais le secourir, si ie puis, ou le suivre.

# SCENE V.

## AGRIPPINE, BVRRHVS.

AGRIPPINE.

QVel attentat, Burrhus ?

BVRRHVS.

Ie n'y pourray survivre,
Madame, il faut quitter la Cour & l'Empereur.

AGRIPPINE.

Quoy du sang de son Frere il n'a point eu d'horreur?

BVRRHVS.

Ce dessein s'est conduit avec plus de mystere.
A peine l'Empereur a veu venir son Frere,
Il se leve, il l'embrasse, on se taist, & soudain
Cesar prend le premier une coupe à la main.
*Pour achever ce iour sous de meilleurs auspices,*
*Ma main de cette coupe épanche les premices,*
Dit-il, *Dieux, que i'appelle à cette effusion,*
*Venez favoriser nostre reünion.*
Par les mesmes sermens Britannicus se lie,
La coupe dans ses mains par Narcisse est remplie.
Mais ses levres à peine en ont touché les bords,
Le fer ne produit point de si puissans efforts,
Madame, la lumiere à ses yeux est ravie,
Il tombe sur son lit sans chaleur & sans vie.
Iugez combien ce coup frappe tous les esprits.
La moitié s'épouvante, & sort avec des cris.
Mais ceux qui de la Cour ont un plus long usage

Sur les yeux de Cesar composent leur visage.
Cependant sur son lit il demeure panché,
D'aucun estonnement il ne paroist touché.
*Ce mal dont vous craignez*, dit-il, *la violence*
*A souvent sans peril attaqué son enfance.*
Narcisse veut en vain affecter quelque ennuy,
Et sa perfide ioye éclate malgré luy.
Pour moy, dûst l'Empereur punir ma hardiesse,
D'une odieuse Cour i'ay traversé la presse,
Et i'allois, accablé de cét assassinat,
Pleurer Britannicus, Cesar & tout l'Estat.

AGRIPPINE.

Le voicy. Vous verrez si ie suis sa complice,
Demeurez.

## SCENE VI.

NERON, AGRIPPINE, JUNIE, BURRHUS, NARCISSE.

NERON. *à Iunie.*

De vos pleurs i'approuve la iustice.
Mais, Madame, évitez ce spectacle odieux.
Moy-mesme en fremissant i'en détourne les yeux.
Il est mort. Tost ou tard il faut qu'on vous l'avoüe.
Ainsi de nos desseins la Fortune se ioüe.
Quand nous nous rapprochons, le Ciel nous desunit.

IVNIE.

I'aimois Britannicus, Seigneur, ie vous l'ay dit.
Si de quelque pitié ma misere est suivie,
Qu'on me laisse chercher dans le sein d'Octavie
Vn entretien conforme à l'estat où ie suis.

NERON.

Belle Iunie allez, moy mesme ie vous suis.
Ie vais par tous les soins que la tendresse inspire
Vous.....

# SCENE VII.

## AGRIPINE, NERON, BURRHUS, NARCISSE.

AGRIPPINE.

ARrestez Neron. I'ay deux mots à vous dire.
Britannicus est mort, je reconnoy les coups.
Ie connoy l'Assassin.

NERON.

Et qui, Madame?

AGRIPPINE.

Vous.

NERON.

Moy! Voilà les soupçons dont vous estes capable.
Il n'est point de mal-heurs dont je ne sois coupable.
Et si l'on veut, Madame, écouter vos discours,
Ma main de Claude mesme aura tranché les jours.

Son

Son Fils vous estoit cher, sa mort peut vous confondre.
Mais des coups du destin je ne puis pas répondre.

AGRIPPINE.

Non non, Britannicus est mort empoisonné.
Narcisse a fait le coup, vous l'avez ordonné.

NERON.

Madame, mais qui peut vous tenir ce langage?

NARCISSE.

Hé Seigneur, ce soupçon vous fait-il tant d'outrage?
Britannicus Madame, eut des desseins secrets
Qui vous auroient cousté de plus justes regrets:
Il aspiroit plus loin qu'à l'Hymen de Iunie.
De vos propres bontez il vous auroit punie,
Madame il vous trompoit, & son cœur offensé
Pretendoit tost ou tard rappeller le passé.
Soit donc que malgré vous le sort vous ait servie;
Soit qu'instruit des complots qui menassoient sa vie
Sur ma fidelité Cesar s'en soit remis.
Laissez les pleurs, Madame, à vos seuls ennemis.
Qu'ils mettēt ce mal-heur au rang des plus sinistres,
Mais vous.

AGRIPPINE.

Poursuy, Neron, avec de tels Ministres.
Par des faits glorieux tu te vas signaler.
Poursuy. Tu n'as pas fait ce pas pour reculer.
Ta main a commencé par le sang de ton Frere,
Ie prevoy que tes coups viendront jusqu'à ta Mere.
Tu te fatigueras d'entendre tes forfaits.
Tu voudras t'affranchir du joug de mes bien-faits.
Mais je veux que ma mort te soit même inutile,
Ne crois pas qu'en mourant je te laisse tranquille.
Rome, ce Ciel, ce jour, que tu receus de moy,
Par tout, à tout moment, m'offriront devant toy.
Tes remors te suivront comme autant de furies.
Tu croiras les calmer par d'autres barbaries.
Ta fureur s'irritant soy-mesme dans son cours
D'un sãg toûjours nouveau marquera tous tes jours

Mais j'espere qu'enfin le Ciel las de tes crimes
Aioûtera ta perte à tant d'autres victimes,
Qu'apres t'estre couvert de leur sang & du mien,
Tu te verras forcé de répandre le tien,
Et ton nom paroistra dans la race future
Aux plus cruels tyrans une cruelle iniure.
Voilà ce que mon cœur se presage de toy.
Adieu tu peux sortir.

NERON.

Narcisse, suivez-moy.

# SCENE VIII.

## AGRIPPINE, BURRHUS.

AGRIPPINE.

AH Ciel! de mes soupçons quelle étoit l'iniustice
Ie condamnois Burrhus, pour écouter Narcisse,
Burrhus avez-vous veu quels regards furieux
Neron en me quittant m'a laissez pour Adieux.
C'en est fait. Ce cruel n'a plus rien qui l'arreste:
Le coup qu'on m'a predit va tomber sur ma teste.
Il vous accablera vous-mesme à vostre tour.

BVRRHVS.

Ah Madame, pour moy i'ay vêcu trop d'un iour.
Plust au Ciel, que sa main heureusement cruelle
Eust fait sur moy l'essay de sa fureur nouvelle!
Qu'il ne m'eût pas donné par ce triste attentat
Vn gage trop certain des mal-heurs de l'Estat!
Son crime seul n'est pas ce qui me desespere;
Sa ialousie a pû l'armer contre son Frere.
Mais, s'il vous faut, Madame, expliquer ma douleur,
Neron l'a veu mourir, sans changer de couleur.
Ses yeux indifferens ont desia la constance

D'un Tyran dans le crime endurcy dés l'enfance.
Qu'il acheve, Madame. & qu'il fasse perir
Vn Ministre importun, qui ne le peut souffrir.
Helas? Loin de vouloir éviter sa colere
La plus soudaine mort me sera la plus chere.

## SCENE DERNIERE.

### AGRIPPINE, BVRRHVS, ALBINE.

ALBINE.

AH Madame! ah Seigneur? Courez vers l'Empereur;
Venez sauver Cesar de sa propre fureur.
Il se voit pour iamais separé de Iunie.

AGRIPPINE.

Quoy Iunie elle-mesme a terminé sa vie?

ALBINE.

Pour accabler Cesar d'un eternel ennuy,
Madame, sans mourir elle est morte pour luy.
Vous sçavez de ces lieux comme elle s'est ravie,
Elle a feint de passer chez la triste Octavie.
Mais bien-tost elle a pris des chemins écartez,
Où mes yeux ont suivy ses pas precipitez.
Des portes du Palais elle sort éperduë.
D'abord elle a d'Auguste apperceu la statuë;
Et moüillant de ses pleurs le marbre de ses pieds
Que de ses bras pressans elle tenoit liez;
*Prince, par ces genoux*, dit elle, *que i'embrasse,*
*Protege en ce moment le reste de ta Race.*
*Rome dans ton Palais vient de voir immoler*
*Le seul de tes Neveux, qui te pust ressembler.*
*On veut apres sa mort que ie luy sois pariure.*
*Mais pour luy conserver une foy touiours pure,*

*Prince, ie me devoüe à ces Dieux immortels,*
*Dont ta vertu t'a fait partager les Autels.*
Le Peuple cependant que ce spectacle estonne,
Vole de toutes parts, se presse, l'environne,
S'attendrit à ses pleurs, & plaignant son ennuy
D'une commune voix la prend sous son appuy.
Ils la meinent au Temple, où depuis tant d'années
Au culte des Autels nos Vierges destinées
Gardent fidellement le depost pretieux
Du Feu tousiours ardant qui brûle pour nos Dieux.
Cesar les voit partir sans oser les distraire.
Narcisse plus hardy s'empresse pour luy plaire.
Il vole vers Iunie, & sans s'épouvanter
D'une profane main commence à l'arrester.
De mille coups mortels son audace est punie.
Son infidelle sang reiallit sur Iunie.
Cesar de tant d'obiets en mesme temps frappé
Le laisse entre les mains qui l'ont enveloppé.
Il rentre. Chacun fuit son silence farouche,
Le seul nom de Iunie échappe de sa bouche.
Il marche sans dessein, ses yeux mal assurez
N'osent lever au Ciel leurs regards égarez.
Et l'on craint, si la nuit iointe à la solitude
Vient de son desespoir aigrir l'inquietude,
Si vous l'abandonnez plus long-temps sans secours,
Que sa douleur bien-tost n'attente sur ses iours.
Le temps presse. Courez. Il ne faut qu'un caprice.
Il se perdroit, Madame.

AGRIPPINE.

Il se feroit iustice.
Mais Burrhus, allons voir iusqu'où vont ses transports.
Voyons quel changement produiront ses remords.
S'il voudra desormais suivre d'autres maximes.

BVRRHVS.

Plust aux Dieux que ce fust le dernier de ses crimes.

FIN.

www.ingramcontent.com/pod-product-compliance
Lightning Source LLC
LaVergne TN
LVHW020938230826
846092LV00001BA/500

*9782329734538*